westermann

Markus Asmuth, Udo Fischer

# Prüfungsvorbereitung für die industriellen Elektroberufe

Abschlussprüfung Teil 1

4. Auflage

Bestellnummer 44047

*westermann* GRUPPE

© 2021 Bildungsverlag EINS GmbH, Ettore-Bugatti-Straße 6-14, 51149 Köln
www.westermann.de

**Die Seiten dieses Arbeitshefts bestehen zu 100 % aus Altpapier.**

Damit tragen wir dazu bei, dass Wald geschützt wird, Ressourcen geschont werden und der Einsatz von Chemikalien reduziert wird. Die Produktion eines Klassensatzes unserer Arbeitshefte aus reinem Altpapier spart durchschnittlich 12 Kilogramm Holz und 178 Liter Wasser, sie vermeidet 7 Kilogramm Abfall und reduziert den Ausstoß von Kohlendioxid im Vergleich zu einem Klassensatz aus Frischfaserpapier. Unser Recyclingpapier ist nach den Richtlinien des Blauen Engels zertifiziert.

Druck und Bindung: Westermann Druck GmbH, Georg-Westermann-Allee 66, 38104 Braunschweig

ISBN 978-3-427-**44047**-5

# Inhaltsverzeichnis

# Vorwort

Sie erlernen einen industriellen Elektroberuf und der erste Teil der Abschlussprüfung steht an. Das vorliegende Buch wird Ihnen helfen, sich optimal hierauf vorzubereiten.

Im Betrieb und in der Schule werden Ihnen die betrieblichen und fachlichen Inhalte der Abschlussprüfung vermittelt. Zusätzlich werden Sie sich sicherlich selbständig oder zusammen mit Ihren Mitschülern vorbereiten. Wichtig für ein erfolgreiches Bestehen ist, dass Sie vorab den Prüfungsablauf verinnerlicht haben. Die Musterprüfungen in diesem Buch entsprechen den Vorgaben der Prüfungsordnung und helfen Ihnen mit ausführlichen Lösungsvorschlägen beim selbständigen Lernen.

Im ersten Kapitel „Rund um die Prüfung" erhalten Sie zunächst alle erforderlichen Informationen über die bevorstehende Prüfung – dazu gehören...

- die Gliederung,
- die Inhalte und
- der Ablauf der Abschlussprüfung.

Im anschließenden Kapitel 2, „Aufbau und Einsatz des Buches", wird Ihnen aufgezeigt, wie Sie mit diesem Buch für die Prüfung üben können.

Damit wünschen wir Ihnen viel Erfolg für die Prüfung!

# 1. Rund um die Prüfung

Zur Vorbereitung auf die Prüfung gehört, dass Sie sich mit der Gliederung, den Inhalten und dem Ablauf vertraut machen. In den folgenden Abschnitten werden die wesentlichen Informationen zusammengefasst.

## Gliederung

Die gestreckte Abschlussprüfung teilt sich in Teil 1 und Teil 2 auf. Teil 1 der Abschlussprüfung findet vor Ende des zweiten Ausbildungsjahres und Teil 2 zum Ende der Ausbildung statt.

Der erste Teil fließt mit 40 % und der zweite Teil mit 60 % in das Gesamtergebnis der gestreckten Abschlussprüfung ein.

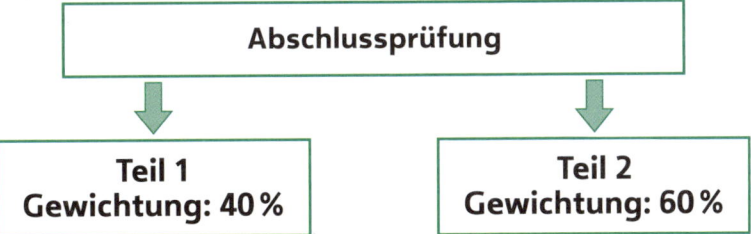

## Inhalte

Teil 1 der Abschlussprüfung bezieht sich auf die Qualifikationen, die Inhalt der ersten 18 Monate in Betrieb und Schule sind.

Dieser erste Teil wiederum setzt sich aus drei Bereichen zusammen:
- **Komplexe Arbeitsaufgabe**
- **Situative Gesprächsphase**
- **Schriftliche Aufgabenstellungen**

## Ablauf

Teil 1 setzt sich aus einer komplexen Arbeitsaufgabe einschließlich begleitender situativer Gesprächsphasen und schriftlicher Aufgabenstellungen zusammen, die in insgesamt höchstens acht Stunden durchzuführen sind, wobei die Gesprächsphasen höchstens zehn Minuten umfassen sollen. Die schriftlichen Aufgabenstellungen haben einen zeitlichen Umfang von höchstens 90 Minuten.

| | | |
|---|---|---|
| **Komplexe Arbeitsaufgabe** | | |
| **Situative Gesprächsphase** | 10 Minuten | 8 Stunden |
| **Schriftliche Aufgabenstellungen** | 90 Minuten | |

Am Ende steht eine Punktzahl für das Endergebnis. Sie können maximal 100 Punkte erreichen. Die Punkte werden dann nach folgendem Bewertungsschlüssel Noten zugeordnet:

| Bewertungsschlüssel | |
|---|---|
| sehr gut | = 100 – 92 Punkte |
| gut | = 91 – 81 Punkte |
| befriedigend | = 80 – 67 Punkte |
| ausreichend | = 66 – 50 Punkte |
| mangelhaft | = 49 – 30 Punkte |
| ungenügend | = 29 – 0 Punkte |

Für die Bestehensregelung wird Teil 1 der Abschlussprüfung zusammen mit Teil 2 betrachtet, d.h. Sie können in Teil 1 mit der Note „mangelhaft" abschließen, diese aber in Teil 2 wieder ausgleichen.

# 2. Aufbau und Einsatz des Buches

## Aufbau des Buches

Die Ausbildung unterteilt sich in den lernfeldorientierten Unterricht an der Berufsschule und einer prozessbezogenen Ausbildung im Betrieb. Dieser Ansatz wird vom vorliegenden Buch aufgegriffen. Das hilft Ihnen, sich mit ensprechend konzipierten Prüfungsaufgaben vertraut zu machen und somit gut vorbereitet die Prüfung abzulegen.

Dieses Übungsbuch bereitet auf die schriftlichen Aufgabenstellungen vor.

Jede der sechs Prüfungen des Übungsbuches besteht aus
- einer vorangestellten Beschreibung der Prüfungsaufgabe,
- 8 ungebundenen Aufgaben (Aufgaben, die Sie mit eigenen Worten beantworten müssen),
- 23 gebundenen Aufgaben (Aufgaben mit vorgegebenen Auswahlantworten) und
- dem Markierungsbogen am Ende der Prüfung.

Von den 23 gebundenen Aufgaben sind nur 20 Aufgaben zu bearbeiten. 6 der 23 gebundenen Aufgaben dürfen nicht abgewählt werden. Diese Aufgaben sind als nicht abwählbar hervorgehoben. Streichen Sie die von Ihnen abgewählten Aufgaben im Markierungsbogen.

Bei den ungebundenen Aufgaben ist keine Abwahl möglich.

In der schriftlichen Prüfung sind folgende Hilfsmittel zugelassen: Tabellenbücher, Formelsammlungen, Zeichenwerkzeuge, Wörterbuch und ein nicht programmierter, netzunabhängiger Taschenrechner ohne Kommunikationsmöglichkeit.

Die zur Lösung erforderlichen Angaben sind stets in der jeder Prüfung vorangestellten Aufgabenbeschreibung oder direkt im Aufgabenteil enthalten. Jedoch können Sie zusätzliche Informationen aus Ihrem Tabellenbuch oder aus Ihrer Formelsammlung in die Lösung der Aufgaben mit einfließen lassen.

Die Lösungen zu den sechs Prüfungen des Übungsbuches befinden sich im separat beiliegenden Lösungsband. Mithilfe des Markierungsbogens im Übungsbuch können Sie Ihr Gesamtergebnis für die schriftliche Prüfung ermitteln.

Es ergibt sich folgende Gewichtung für die schriftlichen Aufgabenstellungen:
- ungebundene Aufgaben: 50 %
- gebundene Aufgaben: 50 %

## Einsatz des Buches

Die Vorgabezeit für die ungebundenen und gebundenen Aufgaben beträgt insgesamt 90 Minuten.

Sie sollten schon beim Üben versuchen, diese Zeitvorgaben einzuhalten und den Timer Ihres Smartphones einsetzen.

Vermeiden Sie auf jeden Fall, frühzeitig nach Lösungsansätzen in den Lösungsvorschlägen zu suchen. Die Schwierigkeit einer Prüfung besteht nämlich auch in der Erarbeitung von Lösungswegen. Durch diszipliniertes Üben entwickeln Sie mit der Zeit eigene Lösungsstrategien.

Für die Lösung entscheidend ist, dass Sie die Aufgabe richtig verstanden haben. Lesen Sie sich den Aufgabentext aufmerksam – ruhig mehrmals – durch.

Bei Rechenaufgaben schreiben Sie sich die gegebenen und gesuchten Größen heraus.

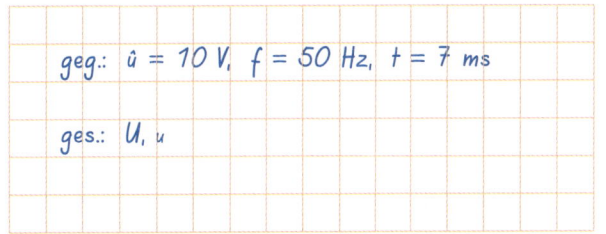

Bei Planungsaufgaben vermerken Sie sich die Angaben in der Zeichnung oder erstellen Sie sich eine Skizze.

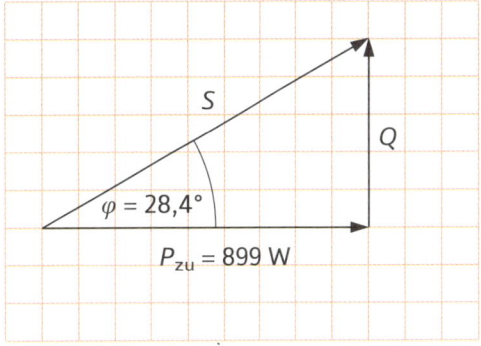

Oft bietet es sich an, die Problemstellung in einem Schaltplan zu veranschaulichen.

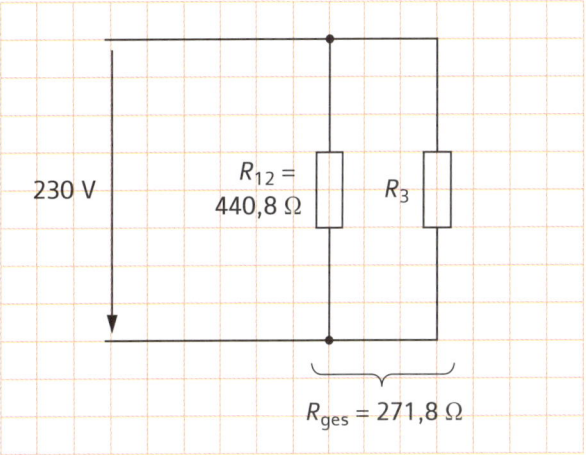

Der Prüfungsausschuss verlangt von Ihnen, dass Sie den kompletten Lösungsweg angeben, dazu gehören bei Rechenaufgaben…

*die Angabe der gegebenen und gesuchten Größen*

*die Angabe der verwendeten Formeln*

*das Umstellen der Formeln nach den gesuchten Größen*

*das Einsetzen der gegebenen Größen inklusive Einheiten*

*das Umformen der Größen in Standardeinheiten*

*die Angabe der Berechnungsergebnisse in typischen Einheiten*

Vielleicht erscheint Ihnen dieses Vorgehen zu ausführlich und zu zeitraubend. Letztendlich ist dieser Lösungsweg aber in Ihrem Sinne, da Sie so Punkte für die Teilschritte erhalten, auch wenn das Endergebnis falsch sein sollte. Des Weiteren gibt Ihnen ein strukturiertes Vorgehen Sicherheit. In Prüfungssituationen vermeiden Sie durch gewohnte und geübte Lösungswege, dass überhaupt erst Prüfungsängste aufkommen können.

Nehmen Sie schon während der Prüfungsvorbereitung und auch im Unterricht regelmäßig Ihr Tabellenbuch und Ihre Formelsammlung zu Hilfe. Sie haben diese in der Prüfung dabei und finden sich dann schneller zurecht, da Ihnen bekannt ist, welche Inhalte wo zu finden sind.

Nachdem der Timer für eine Musterprüfung abgelaufen ist, gehen Sie hin und vergleichen Ihre Lösungen mit den beiliegenden Lösungsvorschlägen. Notieren Sie sich Ihre erreichten Punkte und gegebenenfalls vorhandene Themen, die Ihnen Schwierigkeiten bereitet haben. Die Lücken sollten Sie schließen, indem Sie z.B. Ihre Schulunterlagen nochmal durcharbeiten oder Mitschülerinnen und Mitschüler um Unterstützung bitten. Anschließend können Sie Ihren Lernzuwachs in der nächsten Prüfung dieses Buches unter Beweis stellen.

## Prüfungsaufgabe

Im Produktionsprozess eines Chemiebetriebes wird ein Gemisch durch Rühren homogenisiert. Sie erhalten den Auftrag, den elektrischen Antrieb des Rührwerks zu analysieren und die Steuerung zu entwerfen. Im Störungsfall sollen Sie Fehler lokalisieren und beseitigen können.

Machen Sie sich mit der Funktionsweise der Produktionsanlage vertraut und gehen Sie in der durch die Aufgaben vorgegebenen Reihenfolge vor.

## Funktionsbeschreibung

Technologieschema

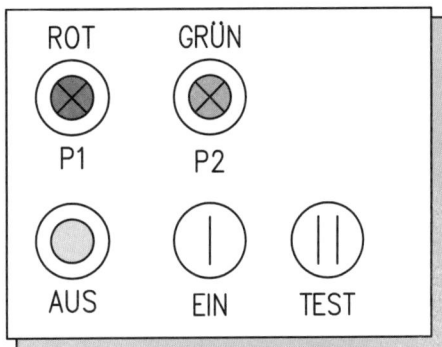

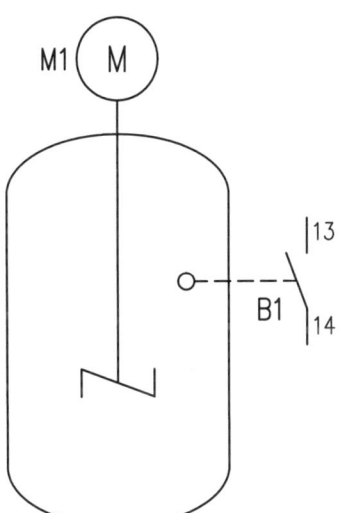

## Elektrischer Antrieb

Angetrieben wird das Rührwerk durch den Getriebemotor M1. Der von der Sammelschiene (3~ 400 V, 50 Hz) abgehende Motorstromkreis besteht aus den elektrischen Betriebsmitteln:

- Q1: Sicherungslasttrennschalter
- Q2: Schütz
- B2: Motorschutzrelais
- M1: Drehstrommotor

## Steuerung

An die von Ihnen zu entwerfende Steuerung werden folgende Anforderungen gestellt:

- S0 ist der AUS-Taster.
- Der Rührer läuft an, wenn der EIN-Taster S1 geschaltet ist und der Füllstandsmelder „Füllstand erreicht" signalisiert. Der Füllstandsmelder schließt das Schaltglied B1:13/14.
- Die Signalleuchte P1 signalisiert den Zustand AUS.
- Die Signalleuchte P2 signalisiert den Zustand EIN.
- Der Motor kann für Inspektionszwecke eingeschaltet werden, ohne den Behälter auffüllen zu müssen. Der TEST-Taster S2 arbeitet in Tippbetrieb. Bei betätigtem Taster leuchtet P2.

## U1

Erstellen Sie zur Steuerung des Rührwerks einen Logik-Funktionsschaltplan. (10 Punkte)

## U2

Die Steuerung wird durch folgende Schützsteuerung realisiert. Erklären Sie, warum der Öffner des Tasters S2 in den Strompfad des Schließers von Q2 geschaltet ist. (10 Punkte)

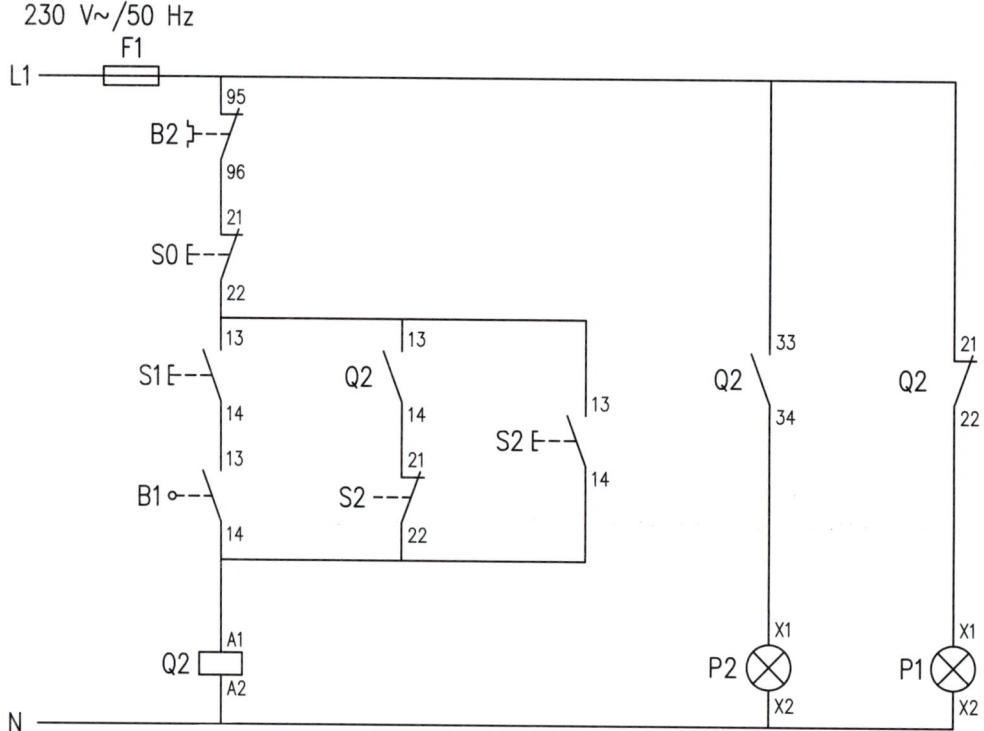

## U3

Der Drehstrommotor M1 ist an 400 V angeschlossen. Die Bemessungsleistung des Motors ist 5,5 kW, der Wirkungsgrad beträgt 85,8 % und der Leistungsfaktor hat den Wert 0,81. Berechnen Sie die aufgenommene Leistung und den Bemessungsstrom des Motors. (10 Punkte)

## U3

Der Drehstrommotor M1 ist an 400 V angeschlossen. Die Bemessungsleistung des Motors ist 5,5 kW, der Wirkungsgrad beträgt 85,8 % und der Leistungsfaktor hat den Wert 0,81. Berechnen Sie die aufgenommene Leistung und den Bemessungsstrom des Motors. (10 Punkte)

### U4

Was ist „indirektes Berühren"? Erklären Sie den Begriff anhand der Skizze und zeichnen Sie den Fehlerfall in die Skizze ein. (10 Punkte)

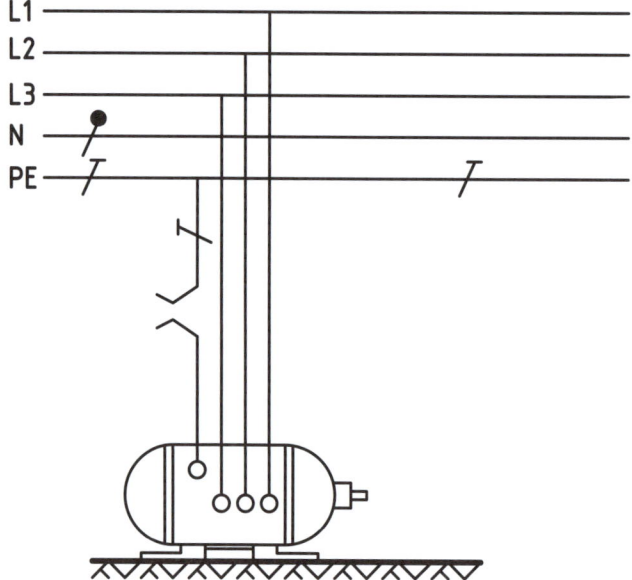

### U4

Was ist „indirektes Berühren"? Erklären Sie den Begriff anhand der Skizze und zeichnen Sie den Fehlerfall in die Skizze ein. (10 Punkte)

## U5

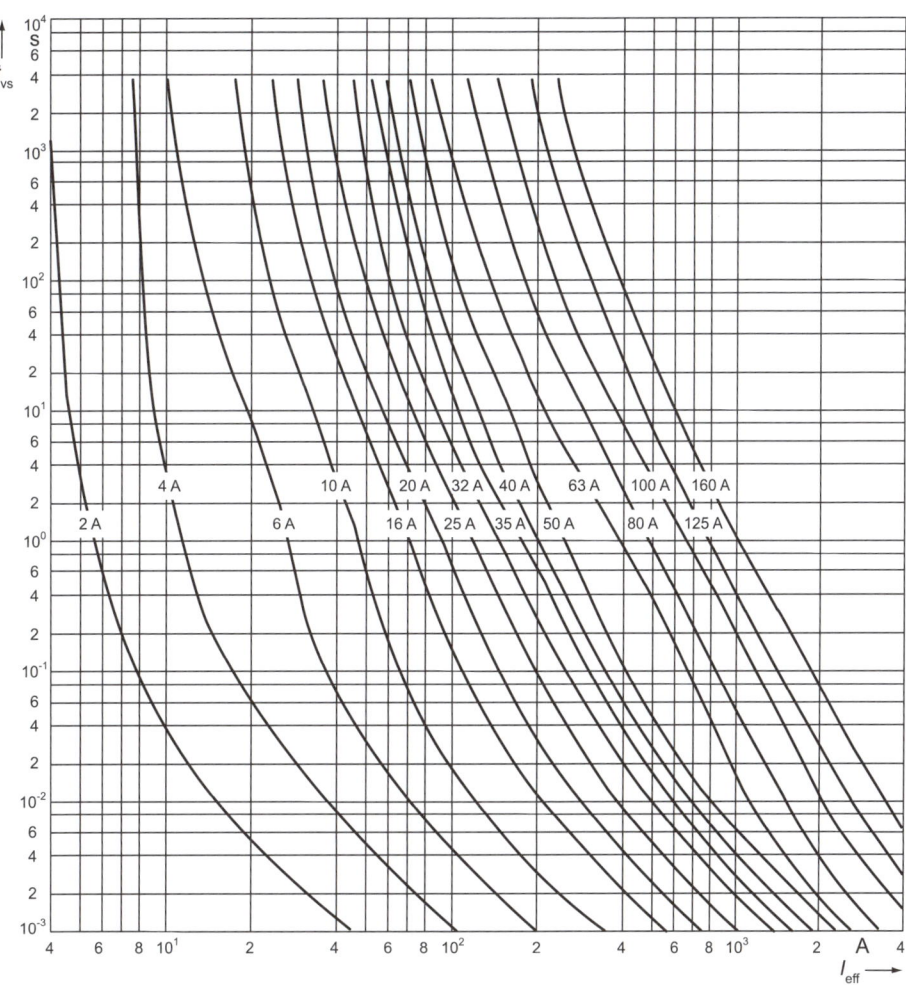

*gL/gG NH-Schmelzsicherungen*

1. Der Anlaufstrom des Motors beträgt 58 A und ist nach 3 s abgeklungen. Erörtern Sie anhand des Diagramms, ob die 25-A-Sicherung während des Anlaufs auslöst. (6 Punkte)

2. Sie erhalten den Auftrag, in einer Schaltanlage eine NH-Sicherung auszuwechseln. Welche „Persönliche Schutzausrüstung" ist erforderlich? (4 Punkte)

**U6**

1. Welche Schutzfunktionen übernimmt der Sicherungslasttrennschalter Q1 und welche das Motorschutzrelais B2? (4 Punkte)

2. Nennen Sie drei mögliche Fehler, die zum Ansprechen des Bimetallauslösers des Motorschutzrelais führen können. (6 Punkte)

**U7**

1. Der Drehstrommotor ist in Dreieck geschaltet. Vervollständigen Sie die Abbildung. (4 Punkte)

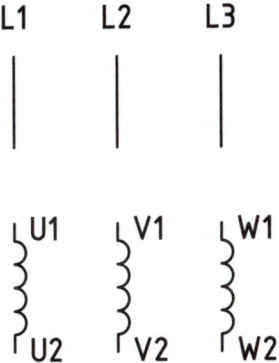

2. Zeichnen Sie den Schaltplan von der Unterverteilung bis zum Motor in mehrpoliger Darstellung.
(6 Punkte)

L1 ————————————————————————————————————

L2 ————————————————————————————————————

L3 ————————————————————————————————————

N ——/————————————————————————————————

PE ——/————————————————————————————————

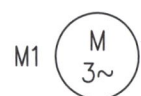

## U8

Welche Anforderungen müssen an ein Bedienelement zum Auslösen von Notfallhandlungen gestellt werden (mindestens vier Nennungen)? (10 Punkte)

**1**

| | |
|---|---|
| 1 | ⟋↗⊣ |
| 2 | |
| 3 | |
| 4 | |
| 5 | |

Welches Schaltzeichen gehört zu diesem Bild?

**2**

Welche Gebrauchskategorie ist für das Schütz Q2 mindestens vorzusehen?

| 1 | AC 1 |
| 2 | AC 3 |
| 3 | AC 4 |
| 4 | DC 1 |
| 5 | DC 3 |

**3** Nicht abwählbar!

Das Diagramm zeigt die Auslösekennlinie eines Motorschutzschalters. Der eingestellte Bemessungsbetriebsstrom ist 12 A. Welche Aussage kann dem Diagramm entnommen werden?

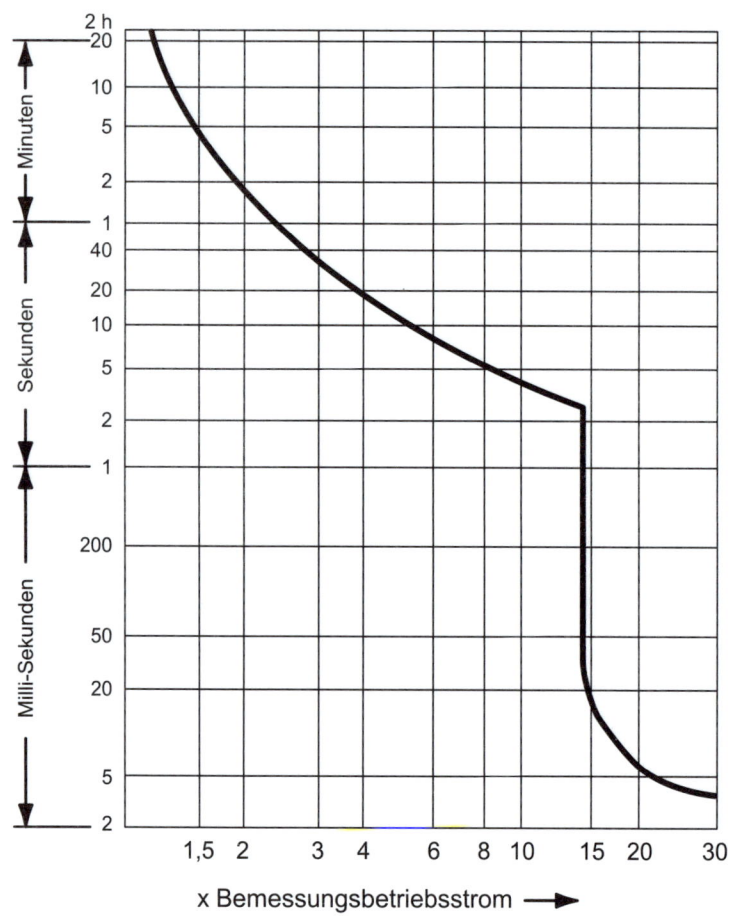

| 1 | Bei Bemessungsbetrieb löst das Schaltschloss nach ca. 3 s aus. |
| 2 | Bei einem Strom von 48 A löst der elektromagnetische Auslöser das Schaltschloss aus. |
| 3 | Bei einem Strom von 48 A löst das Schaltschloss innerhalb von ca. 18 s aus. |
| 4 | Bei einem Strom größer als das Fünfzehnfache des Bemessungsbetriebsstroms löst der Bimetallauslöser das Schaltschloss aus. |
| 5 | Der elektromagnetische Auslöser löst bei Überlast aus. |

**4**

Welche Aussage zur Funktion des Sicherungslasttrennschalters Q1 ist falsch?

| | |
|---|---|
| 1 | Der Sicherungslasttrennschalter darf nur im stromlosen Zustand geschaltet werden. |
| 2 | Der Sicherungslasttrennschalter kann gefahrlos unter Last geschaltet werden. |
| 3 | Die NH-Schmelzsicherung der Betriebsklasse gL beherrscht Überlast- und Kurzschluss-ströme. |
| 4 | Die NH-Schmelzsicherung der Betriebsklasse gL dient dem Leitungsschutz. |
| 5 | Der Sicherungslasttrennschalter kann den Motorabgang sicher trennen. |

**5**

Ein in der Produktionsanlage eingesetztes Messgerät ist aufgrund altersbedingter Abweichungen zu warten. Welcher Begriff ist richtig angewendet?

| | |
|---|---|
| 1 | *Prüfen* bedeutet, das Messgerät wird so eingestellt, dass die Messabweichungen möglichst klein werden. |
| 2 | *Justieren* bedeutet, das Messgerät wird so eingestellt, dass die Messabweichungen möglichst klein werden. |
| 3 | *Kalibrieren* bedeutet, das Messgerät wird so eingestellt, dass die Messabweichungen möglichst klein werden. |
| 4 | *Neukalibrierung* bedeutet, das Messgerät wird so eingestellt, dass die Messabwei-chungen möglichst klein werden. |
| 5 | *Einmessen* bedeutet, das Messgerät wird so eingestellt, dass die Messabweichungen möglichst klein werden. |

**6**

Der Füllstandsmelder hat als Sensor einen PTC-Widerstand. Das zu verrührende Gemisch hat eine wesentlich höhere Wärmeleitfähigkeit als die Luft. Welches Verhalten trifft zu?

| | |
|---|---|
| 1 | Erreicht das Gemisch den PTC-Widerstand, erhöht sich sein Widerstand. |
| 2 | Erreicht das Gemisch den PTC-Widerstand, erhöht sich die Messspannung am PTC-Widerstand. |
| 3 | In Luft nimmt der PTC-Widerstand infolge der Eigenerwärmung einen niedrigohmigen Zustand an. |
| 4 | Bei unterbrochener Zuleitung des Sensors wird „Füllstand erreicht" signalisiert. |
| 5 | Ein Kurzschluss im Fühler hat die gleiche Wirkung wie ein ausreichend gefüllter Behälter. |

**7** Nicht abwählbar!

Sie lesen sich in die Arbeitsweise des Füllstandsmelders ein. Der Bedienungsanleitung entnehmen Sie folgende Information:

*Upon reaching the liquid level the device automatically closes the control circuit and only after a decline in liquid this device cuts the control circuit again.*

Welche der Aussagen ist richtig?

| 1 | Wenn der Füllstand erreicht ist, wird der Lastkreis geschlossen und nach Abfall des Füllstands bleibt der Lastkreis geschlossen. |
|---|---|
| 2 | Wenn der Füllstand erreicht ist, wird der Steuerkreis geöffnet und nur nach Abfall des Füllstands wird der Steuerkreis wieder geschlossen. |
| 3 | Wenn der Füllstand erreicht ist, wird der Steuerkreis geschlossen und nur nach Abfall des Füllstands wird der Steuerkreis wieder geöffnet. |
| 4 | Wenn der Füllstand erreicht ist, wird der Hilfsstromkreis geschlossen und nach Abfall des Füllstands bleibt der Hilfsstromkreis geschlossen. |
| 5 | Wenn der Füllstand erreicht ist, wird der Lastkreis geöffnet und nur nach Abfall des Füllstands wird der Lastkreis wieder geschlossen. |

**8**

Sie führen Messungen am TN-S-System durch. Welche Bedeutung hat der Buchstabe „T"?

| 1 | Die Körper der Betriebsmittel der Verbraucheranlage sind geerdet. |
|---|---|
| 2 | Die Körper der Betriebsmittel der Verbraucheranlage sind direkt mit dem Betriebserder verbunden. |
| 3 | Der Sternpunkt des Transformators ist über den Betriebserder geerdet. |
| 4 | Der Anlagenerder ist mit den Körpern der Betriebsmittel der Verbraucheranlage verbunden. |
| 5 | Der Sternpunkt des Transformators ist über einen hochohmigen Erdungswiderstand geerdet. |

**9**

Bei einer Betriebsspannung über 50 V Wechselspannung oder 120 V Gleichspannung sind Arbeiten an Teilen, die unter Spannung stehen, nur dann gestattet, wenn ...

| 1 | eine zweite Fachkraft beteiligt ist. |
|---|---|
| 2 | der Sicherheitsbeauftragte beteiligt ist. |
| 3 | der Betriebsablauf gestört würde. |
| 4 | diese Teile aus wichtigen Gründen nicht spannungsfrei geschaltet werden können. |
| 5 | Isolierhandschuhe und Isoliermatten genutzt werden. |

## 10

Bei welchem Fehlerfall schützt eine Fehlerstromschutzeinrichtung (RCD)?

| | |
|---|---|
| 1 | Bei Überschreitung der einstellbaren Auslösestromstärke. |
| 2 | Bei Erdschluss. |
| 3 | Bei Kurzschluss. |
| 4 | Bei Wicklungsschluss bei einem induktiven Verbraucher. |
| 5 | Bei Überlastung. |

## 11

Ab welcher Stromstärke bei 50 Hz kann ein Körperstrom bei einer Einwirkzeit von einer Sekunde zum Tod durch Herzstillstand führen?

| | |
|---|---|
| 1 | < 1 mA |
| 2 | 30 mA |
| 3 | 50 mA |
| 4 | 16 A |
| 5 | Eine tödliche Wirkung ist nicht von der Stromstärke, sondern nur von der Größe der Berührungsspannung abhängig. |

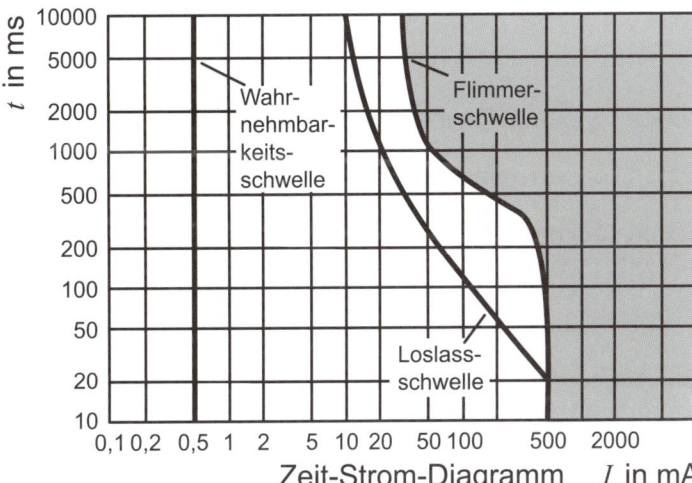

**12** Nicht abwählbar!
Welcher Aspekt fließt *nicht* in die Auswahl einer Leitung ein?

| | |
|---|---|
| 1 | Stromstärke |
| 2 | Anzahl der belasteten Adern |
| 3 | Verlegeart |
| 4 | Betriebszeit |
| 5 | Umgebungstemperatur |

**13**
Sie setzen auf Ihrem Arbeitsplatzrechner Open-Source-Software ein. Was kennzeichnet Open-Source-Software?

| | |
|---|---|
| 1 | Der Programmcode wird von den Entwicklern nicht bekannt gegeben. |
| 2 | Die Nutzung von Open-Source-Software ist kostenpflichtig. |
| 3 | Die Software verfügt über einen Kopierschutz. |
| 4 | Die Nutzung der Software ist auf eine Installation beschränkt. |
| 5 | Die Software darf in veränderter Form weitervergeben werden. |

**14**
Welche Zuordnung der Speichereigenschaften zu den Speichern ist richtig?

| | | |
|---|---|---|
| 1 | RAM: | Daten können gelesen und geschrieben werden. |
| 2 | RAM: | Daten können gelesen und nicht verändert werden. |
| 3 | ROM: | Daten können gelesen und geschrieben werden. |
| 4 | ROM: | Daten können gelesen und verändert werden. |
| 5 | EPROM: | Daten sind mit UV-Licht löschbar und nicht wieder beschreibbar. |

**15** Nicht abwählbar!
Energieversorgungsnetze dienen der Übertragung und/oder der Verteilung elektrischer Energie. Welche Zuordnung zur Netzebene ist *nicht* zutreffend?

| | |
|---|---|
| 1 | Niederspannungsnetze dienen der Verteilung elektrischer Energie. |
| 2 | Mittelspannungsnetze dienen der Übertragung elektrischer Energie. |
| 3 | Hochspannungsnetze dienen der Übertragung und Verteilung elektrischer Energie. |
| 4 | Höchstspannungsnetze dienen der Übertragung elektrischer Energie. |
| 5 | Ortsnetze dienen der Verteilung elektrischer Energie. |

**16**

Welche Spannung ist eine Nennspannung für Hochspannungsnetze?

| 1 | 10 kV |
|---|---|
| 2 | 20 kV |
| 3 | 110 kV |
| 4 | 220 kV |
| 5 | 380 kV |

**17**

Mit welcher Formel lässt sich die aufgenommene elektrische Wirkleistung eines Dreiphasen-Wechsel-strommotors berechnen?

| 1 | $P = \dfrac{\sqrt{3} \cdot U \cdot I}{\cos \varphi}$ |
|---|---|
| 2 | $P = \sqrt{3} \cdot U \cdot I \cdot \sin \varphi$ |
| 3 | $P = \sqrt{3} \cdot U \cdot I \cdot \cos \varphi$ |
| 4 | $P = \dfrac{\sqrt{3} \cdot U \cdot I}{\sin \varphi}$ |
| 5 | $P = \sqrt{3} \cdot U \cdot I$ |

**18**

Welche Aussage über den zeitlichen Verlauf von Wechselstrom und Wechselspannung an einer realen Spule ist richtig?

| 1 | Die Spannung eilt dem Strom um 90° voraus. |
|---|---|
| 2 | Der Strom eilt der Spannung um 90° nach. |
| 3 | Der Strom eilt der Spannung um einen Phasenverschiebungswinkel $\varphi$ nach, der kleiner als 90° ist. |
| 4 | Der Strom eilt der Spannung um einen Phasenverschiebungswinkel $\varphi$ vor, der kleiner als 90° ist. |
| 5 | Strom und Spannung sind phasengleich. |

**19**

Ein Schaltglied mit den Eingängen E1 und E2 besitzt die dargestellte Wahrheitstabelle. Wie bezeichnet man dieses Schaltglied?

| E1 | E2 | A |
|----|----|---|
| 0  | 0  | 1 |
| 0  | 1  | 0 |
| 1  | 0  | 0 |
| 1  | 1  | 1 |

| 1 | ODER-Glied |
|---|---|
| 2 | UND-Glied |
| 3 | Antivalenzglied |
| 4 | Äquivalenzglied |
| 5 | NOR-Glied |

**20** Nicht abwählbar!

Welche logische Verknüpfung wird durch die abgebildete Schaltung realisiert?

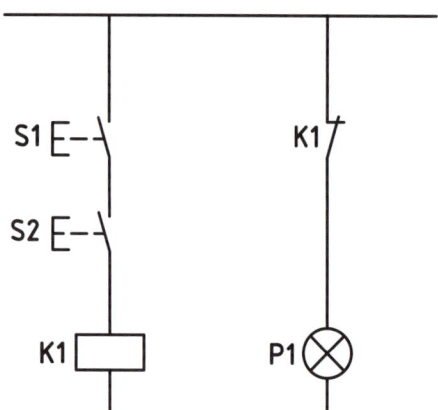

| 1 | UND-Verknüpfung |
|---|---|
| 2 | ODER-Verknüpfung |
| 3 | NICHT-Verknüpfung |
| 4 | NAND-Verknüpfung |
| 5 | NOR-Verknüpfung |

**21**

Wie wird die Funktionsgleichung $\overline{A} \wedge B \vee C = X$ richtig interpretiert?

| 1 | nicht $A$ oder $B$ und $C$ gleich $X$ |
|---|---|
| 2 | $A$ oder nicht $B$ und nicht $C$ gleich $X$ |
| 3 | $A$ und nicht $B$ oder nicht $C$ gleich $X$ |
| 4 | nicht $A$ und $B$ oder $C$ gleich $X$ |
| 5 | $A$ oder nicht $B$ und $C$ gleich $X$ |

**22**

Ein logisches Gatter besitzt vier Eingänge. Wie viele Kombinationen des Eingangssignals sind möglich?

| 1 | 4 |
|---|---|
| 2 | 8 |
| 3 | 16 |
| 4 | 24 |
| 5 | 256 |

**23** Nicht abwählbar!

Bei welcher Kombination von Eingangssignalen nimmt die Ausgangsvariable der Schaltung den Wert 0 an?

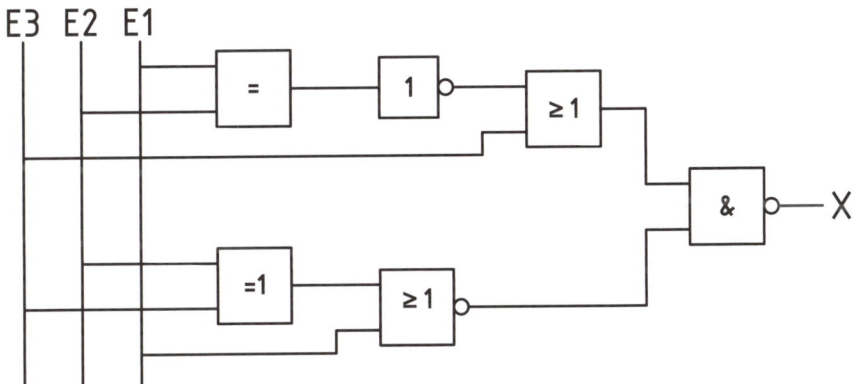

| | E3 | E2 | E1 |
|---|---|---|---|
| 1 | 0 | 0 | 1 |
| 2 | 0 | 1 | 1 |
| 3 | 1 | 0 | 0 |
| 4 | 1 | 0 | 1 |
| 5 | 1 | 1 | 0 |

Vor- und Familienname und Ausbildungsbetrieb

| 1 | 2 | **3** | 4 | 5 | 6 | **7** | 8 | 9 | 10 |
|---|---|---|---|---|---|---|---|---|---|
| 1 ☐ | 1 ☐ | 1 ☐ | 1 ☐ | 1 ☐ | 1 ☐ | 1 ☐ | 1 ☐ | 1 ☐ | 1 ☐ |
| 2 ☐ | 2 ☐ | 2 ☐ | 2 ☐ | 2 ☐ | 2 ☐ | 2 ☐ | 2 ☐ | 2 ☐ | 2 ☐ |
| 3 ☐ | 3 ☐ | 3 ☐ | 3 ☐ | 3 ☐ | 3 ☐ | 3 ☐ | 3 ☐ | 3 ☐ | 3 ☐ |
| 4 ☐ | 4 ☐ | 4 ☐ | 4 ☐ | 4 ☐ | 4 ☐ | 4 ☐ | 4 ☐ | 4 ☐ | 4 ☐ |
| 5 ☐ | 5 ☐ | 5 ☐ | 5 ☐ | 5 ☐ | 5 ☐ | 5 ☐ | 5 ☐ | 5 ☐ | 5 ☐ |

| 11 | **12** | 13 | 14 | **15** | 16 | 17 | 18 | 19 | **20** |
|---|---|---|---|---|---|---|---|---|---|
| 1 ☐ | 1 ☐ | 1 ☐ | 1 ☐ | 1 ☐ | 1 ☐ | 1 ☐ | 1 ☐ | 1 ☐ | 1 ☐ |
| 2 ☐ | 2 ☐ | 2 ☐ | 2 ☐ | 2 ☐ | 2 ☐ | 2 ☐ | 2 ☐ | 2 ☐ | 2 ☐ |
| 3 ☐ | 3 ☐ | 3 ☐ | 3 ☐ | 3 ☐ | 3 ☐ | 3 ☐ | 3 ☐ | 3 ☐ | 3 ☐ |
| 4 ☐ | 4 ☐ | 4 ☐ | 4 ☐ | 4 ☐ | 4 ☐ | 4 ☐ | 4 ☐ | 4 ☐ | 4 ☐ |
| 5 ☐ | 5 ☐ | 5 ☐ | 5 ☐ | 5 ☐ | 5 ☐ | 5 ☐ | 5 ☐ | 5 ☐ | 5 ☐ |

| 21 | 22 | **23** |
|---|---|---|
| 1 ☐ | 1 ☐ | 1 ☐ |
| 2 ☐ | 2 ☐ | 2 ☐ |
| 3 ☐ | 3 ☐ | 3 ☐ |
| 4 ☐ | 4 ☐ | 4 ☐ |
| 5 ☐ | 5 ☐ | 5 ☐ |

**10 Punkte je ungebundene Aufgabe**

U 1 ☐☐☐    U 2 ☐☐☐

U 3 ☐☐☐    U 4 ☐☐☐

U 5 ☐☐☐    U 6 ☐☐☐

U 7 ☐☐☐    U 8 ☐☐☐

| | | Divisor | | |
|---|---|---|---|---|
| | | A | | Punkte A |
| Anzahl der richtig gelösten gebundenen Aufgaben (max. 20) | ☐ | : | **0,4** | = ☐ |
| | | B | | Punkte B |
| Erreichte Punkte bei den ungebundenen Aufgaben (max. 80) | ☐ | : | **1,6** | = ☐ |
| | | | | Punkte A + B |
| Ergebnis in Punkten (max. 100) | | | | ☐ |

## Prüfungsaufgabe

In einer automatisierungstechnischen Anlage werden Fertigungsteile auf Bändern transportiert. Sie erhalten den Auftrag, Instandhaltungsarbeiten an der Anlage durchzuführen. Im Störungsfall sollen Sie Fehler lokalisieren und beseitigen können.

Machen Sie sich mit der Funktionsweise der Anlage vertraut. Gehen Sie in der durch die Aufgaben gegebenen Reihenfolge vor.

## Funktionsbeschreibung

In einem SPS-Programm soll eine Teilfunktion abgeändert werden. Die Zulieferbänder 1 und 2 führen Fertigungsteile auf Band 3, siehe Abbildung.

- Mit dem Taster S1 werden die Zulieferbänder gestartet.
- Wenn Position A des Bands 3 belegt ist, stoppt das Zulieferband 1.
- Wenn Position B des Bands 3 belegt ist, stoppt das Zulieferband 2.
- Wenn beide Positionen A und B des Bands 3 belegt sind, startet Band 3.
- Mit dem Taster S2 können alle drei Bänder jederzeit gestoppt werden.

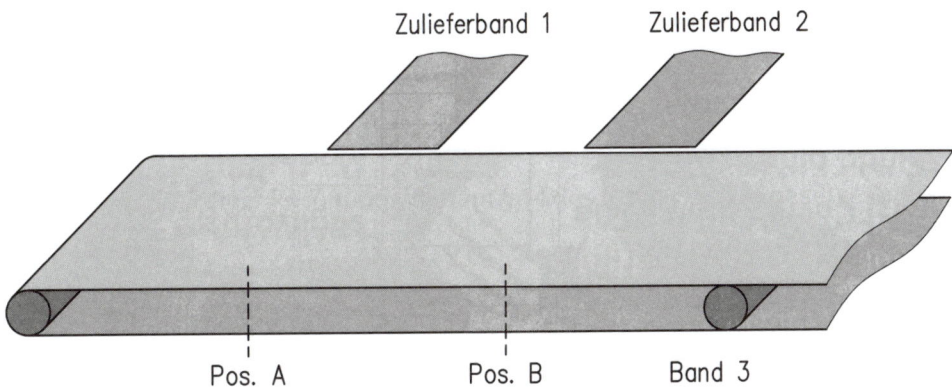

## Zuordnungsliste

| Betriebsmittel | Ein-/Ausgang | Kommentar |
| --- | --- | --- |
| S1 | E0.3 | Taster Start |
| S2 | E0.4 | Taster Stopp |
| B1 | E1.1 | Band 3 Pos. A belegt (Öffner) |
| B2 | E1.2 | Band 3 Pos. B belegt (Öffner) |
| M1 | A3.1 | Antrieb Zulieferband 1 ein |
| M2 | A3.2 | Antrieb Zulieferband 2 ein |
| M3 | A3.3 | Antrieb Band 3 ein |

**U1**

Erstellen Sie für den beschriebenen Teilausschnitt der Steuerung den Logik-Funktionsschaltplan.
(10 Punkte)

**U1**

Erstellen Sie für den beschriebenen Teilausschnitt der Steuerung den Logik-Funktionsschaltplan.
(10 Punkte)

## U2

Die zu transportierenden Fertigungsteile sind metallisch.

1. Nennen Sie drei Typen von Sensoren zur Erfassung metallischer Objekte. (3 Punkte)
2. Was für ein Ausgangssignal stellen die Sensoren der SPS zur Verfügung? (4 Punkte)
3. Nennen Sie drei Vorteile eines Näherungsschalters im Vergleich zu einem Grenztaster. (3 Punkte)

**U3**

Sie messen die Wirkleistung eines Strangs des symmetrisch belasteten Drehstromsystems.

1. Zeichnen Sie den Anschluss des Messgerätes. (7 Punkte)

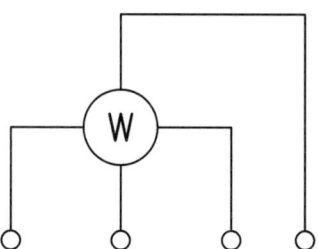

L1 ———
L2 ———
L3 ———
N ———

2. Wie berechnet sich anhand des angezeigten Messwerts die gesamte Wirkleistung $P_{ges}$ des Drehstromsystems? (3 Punkte)

## U4

Aufgrund eines Fehlers kommt es für die Dauer von 0,5 s zu einem Strom in Höhe von 0,2 A durch den menschlichen Körper. Das Diagramm zeigt die Wirkung von 50-Hz-Wechselstrom auf den Menschen.

Welche Wirkung hat der Unfall auf die Person? (10 Punkte)

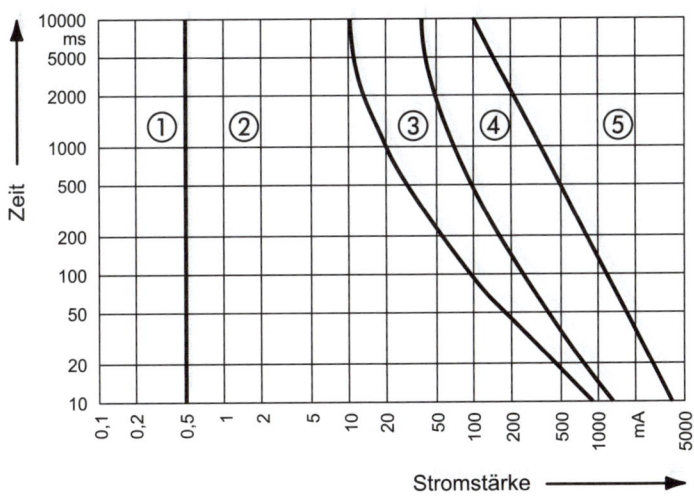

Bereich ①: Gewöhnlich keine Reaktion
Bereich ②: Gewöhnlich keine physiologisch gefährliche Wirkung
Bereich ③: Gewöhnlich keine Gefahr von Kammerflimmern
Bereich ④: Kammerflimmern möglich (bis 50 % Wahrscheinlichkeit)
Bereich ⑤: Gefahr von Kammerflimmern (über 50 % Wahrscheinlichkeit)

**U5**

Die zugeführte Wirkleistung der Anlage wurde mit 5,0 kW ermittelt. Die Anlage wird mit 3~ 400-V/ 50-Hz betrieben. Der Wirkleistungsfaktor hat einen Wert von 0,9. Die Entfernung von der Verteilung beträgt 31 m. Die Leitung aus Kupfer hat einen Querschnitt von 1,5 mm². Berechnen Sie den Spannungsfall auf der Leitung. (10 Punkte)

**U6**

Die abgebildete Brückenschaltung ist Teil einer Messschaltung. Berechnen Sie die Spannung $U_{AB}$. (10 Punkte)

$U = 12$ V

$R_1 = 120 \, \Omega$, $R_2 = 80 \, \Omega$, $R_3 = 90 \, \Omega$, $R_4 = 50 \, \Omega$

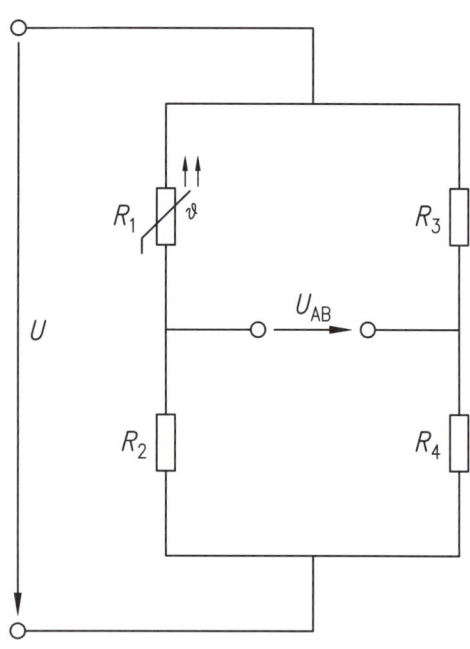

## U7

1. Erklären Sie die Fehlerfälle Körperschluss, Kurzschluss, Leiterschluss und Erdschluss. (6 Punkte)

2. Tragen Sie die Fehlerarten in die Darstellung ein. (4 Punkte)

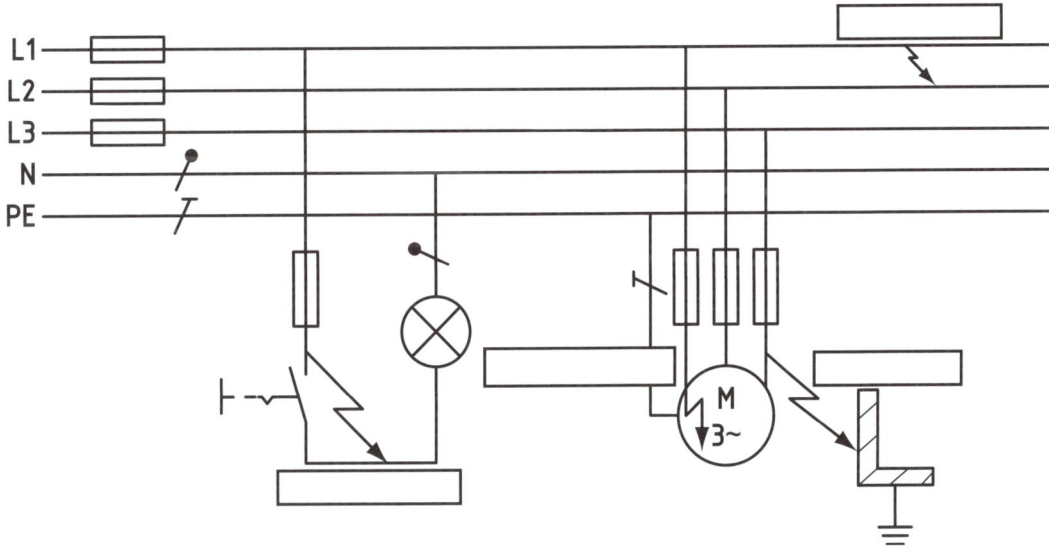

**U8**

Nach Fertigstellung der Arbeiten ist es Ihre Aufgabe, die Sicherheit zu überprüfen. Die Überprüfung umfasst das Besichtigen, das Erproben und das Messen.

1.  Nennen Sie vier Punkte der Besichtigung nach VDE. (4 Punkte)

2.  Nennen Sie drei Messungen nach VDE. (3 Punkte)

3.  Nennen Sie drei Punkte, die zum Erproben nach VDE gehören. (3 Punkte)

**1**

Bei welchem Plan werden die elektrischen Betriebsmittel einpolig dargestellt?

| | |
|---|---|
| 1 | Stromlaufplan in aufgelöster Darstellung |
| 2 | Stromlaufplan in zusammenhängender Darstellung |
| 3 | Übersichtsschaltplan |
| 4 | Funktionsplan |
| 5 | Klemmenplan |

**2**

Eine Netzwerkkarte hat die MAC-Adresse 00-09-73-9B-AB-5B. Wandeln Sie die MAC-Adresse in eine Binärzahl um.

| | |
|---|---|
| 1 | 00000000 00001001 01001001 10011011 10101011 01011011 |
| 2 | 00000000 00001001 01110011 10011100 10101100 01011100 |
| 3 | 00000000 00001001 01001001 10011100 10101100 01011100 |
| 4 | 0000 0000 0000 1001 0111 0011 1001 1100 1010 1100 0101 1100 |
| 5 | 0000 0000 0000 1001 0111 0011 1001 1011 1010 1011 0101 1011 |

**3**

Auf einem Elektromotor ist nebenstehendes Warnzeichen abgebildet.
Welche Bedeutung hat das Warnzeichen?

| | |
|---|---|
| 1 | Warnung vor dreiphasiger Hochspannung |
| 2 | Schutzmaßnahme Schutzkleinspannung |
| 3 | Betrieb nur an dreiphasiger Wechselspannung |
| 4 | Warnung vor heißer Oberfläche |
| 5 | Warnung vor Überlast |

**4**

Sie sollen eine Wechselschaltung zur Ansteuerung einer Lampe nach nebenstehendem Schaltplan installieren. Die Leiterabschnitte sind nicht gekennzeichnet. Welche Leitung ist für den Abschnitt zwischen den Verbindungsdosen X1 und X2 mindestens zu verlegen?

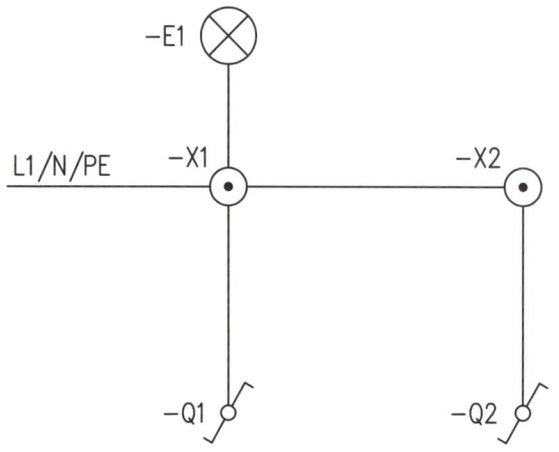

| 1 | Eine dreiadrige Leitung mit Neutralleiter und Schutzleiter. |
|---|---|
| 2 | Eine vieradrige Leitung mit Neutralleiter und Schutzleiter. |
| 3 | Eine fünfadrige Leitung mit Neutralleiter und Schutzleiter. |
| 4 | Eine dreiadrige Leitung ohne Neutralleiter und ohne Schutzleiter. |
| 5 | Eine vieradrige Leitung mit Schutzleiter. |

**5** Nicht abwählbar!

Der Abschaltstrom hat einen Wert von 164,2 A. Welche Bedingung muss die Schleifenimpedanz $Z_S$ der Fehlerschleife erfüllen?

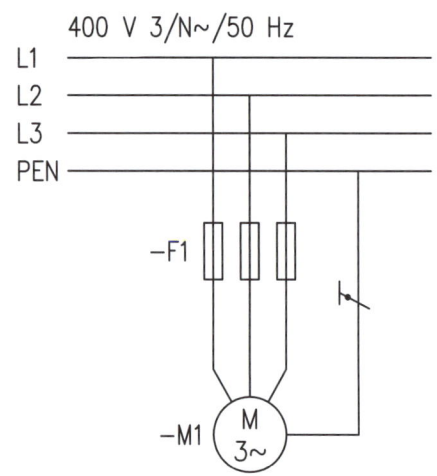

| 1 | $Z_S > 1,40\ \Omega$ |
|---|---|
| 2 | $Z_S < 1,40\ \Omega$ |
| 3 | $Z_S > 2,44\ \Omega$ |
| 4 | $Z_S < 2,44\ \Omega$ |
| 5 | $Z_S < 1,25\ \Omega$ |

## 6

Welche Aussage zum Motorschutz ist richtig?

| 1 | Beim Motorvollschutz wird die Motortemperatur direkt gemessen. |
|---|---|
| 2 | Beim Motorvollschutz wird der Strom in allen drei Außenleitern ausgewertet. |
| 3 | Beim Motorschutzrelais befinden sich Temperaturfühler in den Wickelköpfen des Motors. |
| 4 | Ein Motorschutzschalter schaltet auch dann zuverlässig, wenn die Wärmeabfuhr des Motors eingeschränkt ist. |
| 5 | Beim Motorvollschutz löst das Schaltschloss bei zu hoher Temperatur aus. |

## 7 Nicht abwählbar!

Die Abbildung zeigt den Anschluss einer Verbraucheranlage an das Verteilungsnetz. Welche Netzform wird im Gebäude angewendet?

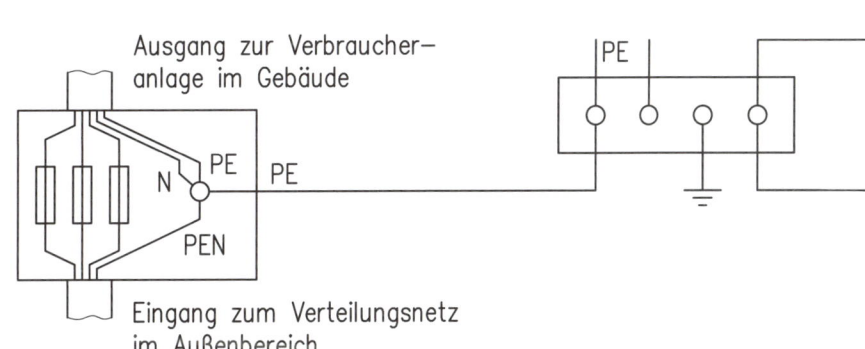

| 1 | TN-C-S-System |
|---|---|
| 2 | TT-System |
| 3 | Ringnetz |
| 4 | TN-C-System |
| 5 | TN-S-System |

**8**

Welche Komponente befindet sich *nicht* in einer SPS?

| 1 | Aktor |
|---|---|
| 2 | Mikroprozessor |
| 3 | Merker |
| 4 | Zeitglied |
| 5 | CPU |

**9**

Die Schutzmaßnahme „Schutz durch Isolationsüberwachung im IT-System" unterscheidet sich von anderen Schutzmaßnahmen durch ...

| 1 | den Vorteil, dass im Fehlerfall nicht sofort abgeschaltet werden muss. |
|---|---|
| 2 | eine schnellere Abschaltung im Fehlerfall. |
| 3 | eine aufwändigere Installation. |
| 4 | einen vorteilhafteren Einsatz bei Altanlagen. |
| 5 | eine Rückmeldung durch den Versorgungsnetzbetreiber im Fall eines Fehlers. |

**10**

Ein Steckdosenkreis mit einer Überstromschutzeinrichtung kleiner als 35 A wird durch eine Fehlerstromschutzeinrichtung geschützt. In welcher Zeit muss der RCD im Fehlerfall auslösen?

| 1 | 0,1 ms |
|---|---|
| 2 | 0,2 ms |
| 3 | 0,1 s |
| 4 | 0,3 s |
| 5 | 0,5 s |

**11**

Die Spannung wird vom Maschinentransformator eines Kraftwerksblocks hochtransformiert und über Höchstspannungsleitungen übertragen. Welche Aussage ist falsch?

| 1 | Die Energieübertragung über Höchstspannungsnetze ist wirtschaftlich. |
|---|---|
| 2 | Die Energieübertragung über Höchstspannungsnetze ermöglicht einen Energieaustausch mit anderen Versorgern. |
| 3 | Die Energieübertragung über Höchstspannungsnetze hat durch das Hochtransformieren der Spannung höhere elektrische Verluste. |
| 4 | Die Energieübertragung über Höchstspannungsnetze erlaubt, große Entfernungen zu überbrücken. |
| 5 | Die Energieübertragung über Höchstspannungsnetze ermöglicht eine zentrale Energieversorgung. |

**12**

Welche Leistung ist die Bemessungsleistung eines Elektromotors?

| 1 | Die aufgenommene Wirkleistung. |
|---|---|
| 2 | Die aufgenommene Scheinleistung. |
| 3 | Die abgegebene Leistung. |
| 4 | Die abgegebene Scheinleistung. |
| 5 | Die Blindleistung. |

**13** Nicht abwählbar!

Welche Aussage zum abgebildeten Spannungsverlauf ist falsch?

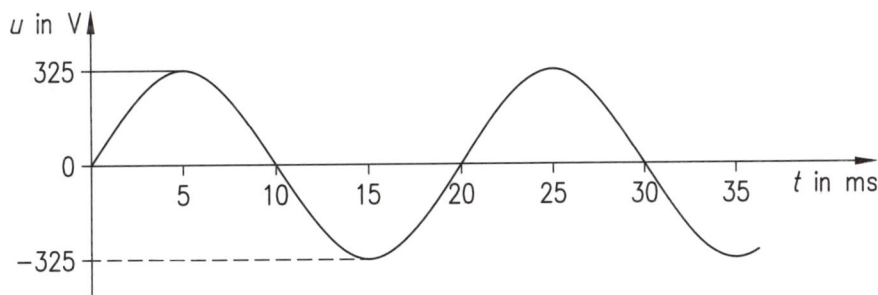

| 1 | Der Effektivwert der Wechselspannung beträgt 230 V. |
|---|---|
| 2 | Der Scheitelwert der Wechselspannung beträgt 325 V. |
| 3 | Der Spitze-Spitze-Wert der Wechselspannung beträgt 650 V. |
| 4 | Die Periodendauer der Wechselspannung beträgt 30 ms. |
| 5 | Die Frequenz der Wechselspannung beträgt 50 Hz. |

**14**

Welche Abkürzung steht für „Rechnerunterstützte Fertigung"?

| 1 | CNC |
|---|-----|
| 2 | CAD |
| 3 | CIM |
| 4 | CAM |
| 5 | CAE |

**15** Nicht abwählbar!

Durch welche Verknüpfung lässt sich die gezeigte Schaltung logischer Grundglieder ersetzen?

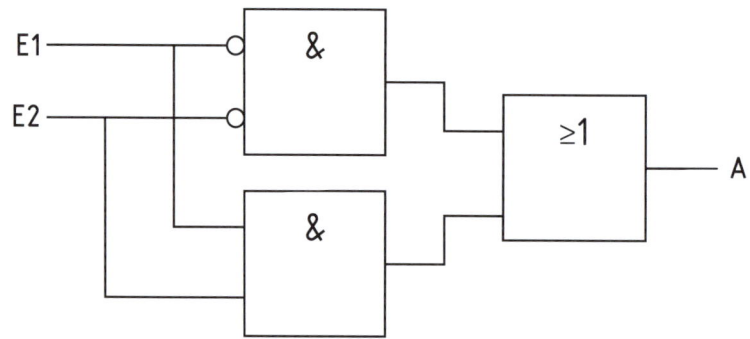

| 1 | UND-Verknüpfung |
|---|-----------------|
| 2 | ODER-Verknüpfung |
| 3 | NICHT-Verknüpfung |
| 4 | ÄQUIVALENZ-Verknüpfung |
| 5 | ANTIVALENZ-Verknüpfung |

**16**

Welche Aussage über das RS-Kippglied ist richtig?

| 1 | Es hat nur einen stabilen Zustand. |
|---|-----|
| 2 | Es hat mindestens drei Eingänge. |
| 3 | Es ist immer rücksetzdominant. |
| 4 | Es ist ein binärer Informationsspeicher. |
| 5 | Es lässt sich nicht durch eine Schaltung aus digitalen Grundgliedern ersetzen. |

**17**

Mit welchem Leiter muss der Ausgang einer Schützspule direkt verbunden werden?

| | |
|---|---|
| 1 | PE |
| 2 | N |
| 3 | L1 |
| 4 | L2 |
| 5 | L3 |

**18**

Welche Aussage über den elektrischen Widerstand eines Leiters ist richtig?

| | |
|---|---|
| 1 | Der Widerstand ist bei großem Leiterquerschnitt größer als bei niedrigem. |
| 2 | Der Widerstand ist bei einem langen Leiter größer als bei einem kurzen. |
| 3 | Der Widerstand ist bei hohem spezifischen Widerstand kleiner als bei niedrigem. |
| 4 | Der Widerstand hängt nicht von der Leiterlänge ab. |
| 5 | Der Widerstand ist bei hoher spezifischer Leitfähigkeit größer als bei niedriger. |

**19** Nicht abwählbar!

Welche Übersetzung ist falsch?

| | | |
|---|---|---|
| 1 | Hauptschütz | main contactor |
| 2 | Schaltglied | switching element |
| 3 | Schließer | normally open contact |
| 4 | Taster | feeler |
| 5 | Stromlaufplan | current diagram |

**20**

Bei welcher Schutzmaßnahme ist *kein* Schutzleiter erforderlich?

| | |
|---|---|
| 1 | Beim Schutz durch eine Überstromschutzeinrichtung im TN-System. |
| 2 | Beim Schutz durch eine Überstromschutzeinrichtung im TT-System. |
| 3 | Beim Schutz durch eine Fehlerstromschutzeinrichtung im TN-System. |
| 4 | Beim Schutz durch eine Fehlerstromschutzeinrichtung im TT-System. |
| 5 | Beim Schutz durch eine Schutzisolierung. |

**21**

Sie führen Messungen an der elektrischen Anlage durch. Welche Aussage gilt *nicht* in der Messtechnik?

| 1 | Die Weiterverarbeitung von Messergebnissen in Steueranlagen ist Teil des Messens. |
| 2 | Die automatisierte Ermittlung von Messwerten und Messergebnissen ist Teil des Messens. |
| 3 | Messen ist der experimentelle Vorgang, der einen Wert einer physikalischen Größe ermittelt. |
| 4 | Die Ermittlung der Messergebnisse ist Teil des Messens. |
| 5 | Die weitere Verwendung der Messergebnisse ist nicht Teil des Messens. |

**22**

Ein NTC-Widerstand wird an einer konstanten Spannung betrieben. Was geschieht bei Erwärmung?

| 1 | Es geschieht nichts, da Heißleiter nicht temperaturabhängig sind. |
| 2 | Der durch den NTC-Widerstand fließende Strom wird größer. |
| 3 | Der durch den Kaltleiter fließende Strom wird kleiner. |
| 4 | Die elektrische Leitfähigkeit wird kleiner. |
| 5 | Der elektrische Widerstand wird größer. |

**23** Nicht abwählbar!

Welche Aussage zur Umwandlung elektrischer Energie ist richtig?

| 1 | Gleichrichten ist Umwandeln von Gleichstrom in Wechselstrom. |
| 2 | Wechselrichten ist Umwandeln von Gleichstrom in Wechselstrom. |
| 3 | Gleichstromstellen ist Umwandeln von Wechselstrom in Gleichstrom. |
| 4 | Gleichstromumrichten ist Umwandeln von Gleichstrom in Wechselstrom. |
| 5 | Gleichstromumrichten ist Umwandeln von Wechselstrom in Gleichstrom. |

Vor- und Familienname und Ausbildungsbetrieb

|  | 1 | 2 | 3 | 4 | 5 | 6 | 7 | 8 | 9 | 10 |
|---|---|---|---|---|---|---|---|---|---|---|
| 1 | ☐ | ☐ | ☐ | ☐ | ☐ | ☐ | ☐ | ☐ | ☐ | ☐ |
| 2 | ☐ | ☐ | ☐ | ☐ | ☐ | ☐ | ☐ | ☐ | ☐ | ☐ |
| 3 | ☐ | ☐ | ☐ | ☐ | ☐ | ☐ | ☐ | ☐ | ☐ | ☐ |
| 4 | ☐ | ☐ | ☐ | ☐ | ☐ | ☐ | ☐ | ☐ | ☐ | ☐ |
| 5 | ☐ | ☐ | ☐ | ☐ | ☐ | ☐ | ☐ | ☐ | ☐ | ☐ |

|  | 11 | 12 | 13 | 14 | 15 | 16 | 17 | 18 | 19 | 20 |
|---|---|---|---|---|---|---|---|---|---|---|
| 1 | ☐ | ☐ | ☐ | ☐ | ☐ | ☐ | ☐ | ☐ | ☐ | ☐ |
| 2 | ☐ | ☐ | ☐ | ☐ | ☐ | ☐ | ☐ | ☐ | ☐ | ☐ |
| 3 | ☐ | ☐ | ☐ | ☐ | ☐ | ☐ | ☐ | ☐ | ☐ | ☐ |
| 4 | ☐ | ☐ | ☐ | ☐ | ☐ | ☐ | ☐ | ☐ | ☐ | ☐ |
| 5 | ☐ | ☐ | ☐ | ☐ | ☐ | ☐ | ☐ | ☐ | ☐ | ☐ |

|  | 21 | 22 | 23 |
|---|---|---|---|
| 1 | ☐ | ☐ | ☐ |
| 2 | ☐ | ☐ | ☐ |
| 3 | ☐ | ☐ | ☐ |
| 4 | ☐ | ☐ | ☐ |
| 5 | ☐ | ☐ | ☐ |

**10 Punkte je ungebundene Aufgabe**

U 1 ☐☐☐     U 2 ☐☐☐

U 3 ☐☐☐     U 4 ☐☐☐

U 5 ☐☐☐     U 6 ☐☐☐

U 7 ☐☐☐     U 8 ☐☐☐

| | | **Divisor** | | |
|---|---|---|---|---|
| | | **A** | | **Punkte A** |
| Anzahl der richtig gelösten gebundenen Aufgaben (max. 20) | ☐ | : | **0,4** | = ☐ |
| | | **B** | | **Punkte B** |
| Erreichte Punkte bei den ungebundenen Aufgaben (max. 80) | ☐ | : | **1,6** | = ☐ |
| | | | | **Punkte A + B** |
| | | Ergebnis in Punkten (max. 100) | | ☐ |

## Prüfungsaufgabe

Die Zufahrt einer Tiefgarage wird von einem Rolltor gesichert.

Sie erhalten den Auftrag, den elektrischen Antrieb des Rolltores zu analysieren und die Steuerung zu entwerfen. Im Störungsfall sollen Sie Fehler lokalisieren und beseitigen können.

Gehen Sie dabei in der durch die Aufgaben gegebenen Reihenfolge vor und machen Sie sich mit der Funktionsweise der Rolltorsteuerung vertraut.

## Funktionsbeschreibung

### Elektroenergieversorgung

Angetrieben wird das Rolltor durch den Getriebemotor M1. Der von der Sammelschiene (400 V, 50 Hz) abgehende Motorstromkreis besteht aus den elektrischen Betriebsmitteln:

– Q1, Q2: Schütze

– Q4: Motorschutzschalter

– M1: Drehstrommotor

### Steuerung

An die von Ihnen zu entwerfende Steuerung werden folgende Anforderungen gestellt:

Das Rolltor fährt nach Betätigung von Taster S1 nach oben, bis der Endschalter B1 (Öffner) „Tor geöffnet" signalisiert. Nach Betätigung von Taster S2 fährt das Tor nach unten, bis der Endschalter B2 „Tor geschlossen" signalisiert. An der untersten Lamelle des Rolltores ist eine Sicherheitsleiste angebracht. Erfasst diese beim Schließen Gegenstände oder Personen, wird der Endschalter B3 (Öffner) betätigt und die Abwärtsbewegung sofort gestoppt. Das Tor fährt danach sofort wieder nach oben.

Die Betätigung von Taster S3 stoppt die Torbewegung sofort.

| | |
|---|---|
| Endschalter B1: | Tor geöffnet (Öffner) |
| Endschalter B2: | Tor geschlossen (Öffner) |
| Endschalter B3: | Sicherheitsleiste (Öffner) |
| B4: | Thermischer Motorschutz (Öffner) |
| Taster S1: | Tor öffnen |
| Taster S2: | Tor schließen |
| Taster S3: | Tor stoppen |

## U1

Vervollständigen Sie den Motorstromkreis in mehrpoliger Darstellung. (10 Punkte)

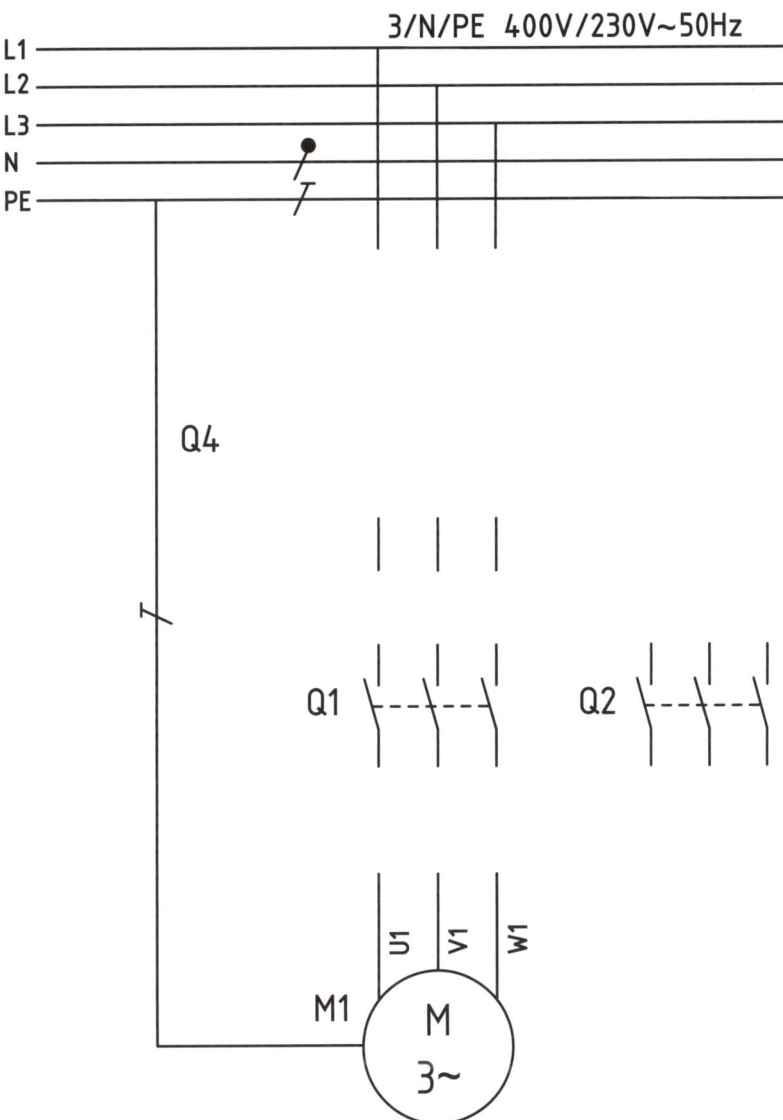

**U2**

1. Erklären Sie den Begriff „Selbsthaltung" am Beispiel der Drehrichtungsumkehr des Getriebemotors. Skizzieren Sie dazu einen Steuerstromkreis aus den Tastern S1 und S2 und den Schützen Q1 und Q2. (7 Punkte)

2. Warum müssen die Schütze Q1 und Q2 gegeneinander verriegelt werden? Was versteht man allgemein unter Verriegelung? (3 Punkte)

## U3

Skizzieren Sie den Steuerstromkreis. Wählen Sie dazu:

Q1 angezogen: Tor öffnen

Q2 angezogen: Tor schließen

(10 Punkte)

**U4**

Im Datenblatt des Rolltormotors finden Sie die folgenden Daten:

Leistungsabgabe:     800 W
Wirkungsgrad:         89 %
Leistungsfaktor:       0,88

1. Berechnen Sie die aufgenommene Wirkleistung. (4 Punkte)

2. Ermitteln Sie die Blindleistung. (6 Punkte)

**U4**

Im Datenblatt des Rolltormotors finden Sie die folgenden Daten:

Leistungsabgabe:     800 W

## U5

Sie werden beauftragt zu prüfen, ob zum Anschluss des Motors eine Leitung NYM 5 x 1,5 mm² benutzt werden darf. Sie messen eine Leitungslänge von 132 m. Liegt der Spannungsfall innerhalb der zulässigen Toleranz von 3 % laut VDE 18015, Teil 1 (ab Zähler)? (10 Punkte)

## U6

1. Sie schließen die elektrischen Betriebsmittel an. Nennen Sie drei Punkte, auf die Sie bei der Ausführung der Schutzleiteranschlüsse besonders achten müssen. (6 Punkte)
2. Der Motorschutzschalter besitzt ein „Schaltschloss mit Freiauslösung". Erklären Sie dessen Funktion. (4 Punkte)

**U7**

Die Überstromschutzeinrichtung im Motorstromkreis soll selektiv arbeiten.

1. Was bedeutet dies? (4 Punkte)

2. Wie ist Selektivität zu realisieren? (4 Punkte)

3. Welche Probleme können dabei beim Einsatz von Schutzschaltern auftreten? (2 Punkte)

**U8**

Der Rechnungsnettobetrag für die ausgeführten Installationen beträgt 1.782,30 EUR. Sie gewähren 2 % Skonto. Mit welchem Zahlungseingang dürfen Sie unter Berücksichtigung der gesetzlichen Mehrwertsteuer rechnen? (10 Punkte)

## 1

Ein Elektromotor wurde nach Schutzart IP 53 gefertigt. Was bedeutet dies?

| | |
|---|---|
| 1 | Der Motor ist staubdicht und gegen Sprühwasser geschützt. |
| 2 | Der Motor ist gegen Staub und gegen Sprühwasser geschützt. |
| 3 | Der Motor ist gegen Staub und Schwallwasser geschützt. |
| 4 | Der Motor ist gegen Staub und gegen Strahlwasser geschützt. |
| 5 | Der Motor ist gegen Fremdkörper ≥ 1 mm und gegen zeitweises Untertauchen geschützt. |

## 2 Nicht abwählbar!

Ein elektrisches Gerät wurde nach der Spezifikation der Schutzklasse 3 gefertigt. Das bedeutet, dass das Gerät mit Spannungen betrieben wird, die für Menschen ungefährlich sind. Welche Aussage über die maximale ungefährliche Spannung ist richtig?

| | |
|---|---|
| 1 | 230 V AC und 400 V DC |
| 2 | 50 V AC und 50 V DC |
| 3 | 120 V AC und 50 V DC |
| 4 | 50 V AC und 120 V DC |
| 5 | 24 V AC und 50 V DC |

## 3

Bei welchem Plan werden die elektrischen Betriebsmittel mehrpolig als Einheit dargestellt?

| | |
|---|---|
| 1 | Stromlaufplan in aufgelöster Darstellung |
| 2 | Stromlaufplan in zusammenhängender Darstellung |
| 3 | Übersichtsschaltplan |
| 4 | Installationsplan |
| 5 | Funktionsplan |

**4**

Elektrische Anlagen müssen vor der Erstinbetriebnahme auf die Einhaltung der Errichtungsnormen geprüft werden. Wer führt diese Erstprüfung durch?

| 1 | Die Berufsgenossenschaft. |
|---|---|
| 2 | Ein Elektrofachbetrieb, der nach EN ISO 9001 zertifiziert ist. |
| 3 | Das Gewerbeaufsichtsamt. |
| 4 | Das Energieversorgungsunternehmen. |
| 5 | Der ausführende Elektrofachbetrieb. |

**5**

Welcher Fehler führt bei einem zweipoligen Fehlerstromschutzschalter (RCD) zur Auslösung?

| 1 | Kurzschluss |
|---|---|
| 2 | Erdschluss |
| 3 | Unterbrechung des Außenleiters |
| 4 | Unterbrechung des Neutralleiters |
| 5 | Unterbrechung des Schutzleiters |

**6** Nicht abwählbar!

Welche Aussage über das IT-Netz ist richtig?

| 1 | Neutralleiter und Schutzleiter werden in der gesamten Anlage getrennt geführt. |
|---|---|
| 2 | Körper sind über den PE-Leiter mit dem Sternpunkt des Trafos verbunden. |
| 3 | Es gibt in diesem Netz keinen Schutzleiter. |
| 4 | Beim Auftreten nur eines Körper- oder Erdschlusses ist eine Abschaltung nicht nötig. |
| 5 | Neutralleiter und Schutzleiter werden in einem Teil der Anlage getrennt geführt. |

**7**

Welche Aussage ist falsch?

| 1 | ISA steht für „Industry Standard Architecture". |
|---|---|
| 2 | PCI steht für „Peripheral Component Interface". |
| 3 | USB steht für „Universal Serial Bus". |
| 4 | SDRAM steht für „Single Date Rate RAM". |
| 5 | DDR-RAM steht für „Double Date Rate RAM". |

**8**

Welcher Speicherbaustein muss mit UV-Licht gelöscht werden, um erneut beschrieben werden zu können?

| 1 | ROM |
|---|---|
| 2 | PROM |
| 3 | Flash-PROM |
| 4 | EPROM |
| 5 | EEPROM |

**9** Nicht abwählbar!

Wie viele Bit enthält ein Mega-Byte?

| 1 | 8 000 000 |
|---|---|
| 2 | 8 388 608 |
| 3 | 8 192 000 |
| 4 | 1 048 576 |
| 5 | 1 000 000 |

**10**

Welcher Einfluss belastet *nicht* die Isolation von Kabeln und Leitungen?

| 1 | Temperatur |
|---|---|
| 2 | Spannung |
| 3 | Frequenz |
| 4 | Feuchtigkeit |
| 5 | Chemische Einflüsse |

**11** Nicht abwählbar!

Welche Beschreibung für eine mit „NYM" bezeichnete Leitung ist richtig?

| 1 | Schlauchleitung mit Isolierung aus PVC nach nationaler Norm. |
|---|---|
| 2 | Schlauchleitung mit Isolierung aus Polyethylen nach nationaler Norm. |
| 3 | Mantelleitung mit Isolierung aus PVC nach nationaler Norm. |
| 4 | Mantelleitung mit Isolierung aus Polyethylen nach nationaler Norm. |
| 5 | Kabel mit Isolierung aus PVC nach nationaler Norm. |

## 12

In Räumen mit Badewanne oder Dusche unterscheidet man nach DIN VDE 0100, Teil 701 die Bereiche 0, 1 und 2. Welche der Aussagen ist richtig?

| 1 | Bereich 2 bezeichnet das Innere der Bade- oder Duschwanne. |
|---|---|
| 2 | In den Bereichen 0 und 1 dürfen Steckdosen installiert werden. |
| 3 | In den Bereichen 0, 1 und 2 dürfen nur Kabel, aber keine Leitungen verlegt werden. |
| 4 | Im Bereich 0 darf ein Warmwasserbereiter angeschlossen werden. |
| 5 | Betriebsmittel in den Bereichen 1 und 2 müssen mindestens dem Schutzgrad IP 44 entsprechen. |

## 13

Wodurch wird die Strombelastbarkeit einer Leitung erhöht?

| 1 | Durch eine Erhöhung der Umgebungstemperatur. |
|---|---|
| 2 | Durch Einsatz eines Leitermaterials mit höherem spezifischen Widerstand. |
| 3 | Durch eine Verkleinerung des Leiterquerschnitts. |
| 4 | Durch Einsatz eines Leitermaterials mit höherem spezifischen Leitwert. |
| 5 | Durch eine Verlegung im Installationsrohr. |

## 14

Welchen Vorteil bietet die Herstellung der Magnetsysteme von Schützen mit Wechselstrombetätigung aus geschichteten Blechen?

| 1 | Die Wirbelstromverluste werden geringer. |
|---|---|
| 2 | Die Hystereseverluste werden geringer. |
| 3 | Die Herstellung ist billiger. |
| 4 | Die elektrische Leitfähigkeit ist größer. |
| 5 | Die Schaltgeschwindigkeit wird deutlich erhöht. |

**15**

In einer elektrischen Anlage werden nacheinander drei Prozesse mit jeweils 30 % Wirkungsgrad durchlaufen. Wie groß ist der Gesamtwirkungsgrad der Anlage?

| 1 | 2,7 % |
|---|-------|
| 2 | 30 % |
| 3 | 90 % |
| 4 | 34,3 % |
| 5 | 70 % |

**16**

Welche Zeile der Tabelle beschriftet die Hysteresekurve richtig?

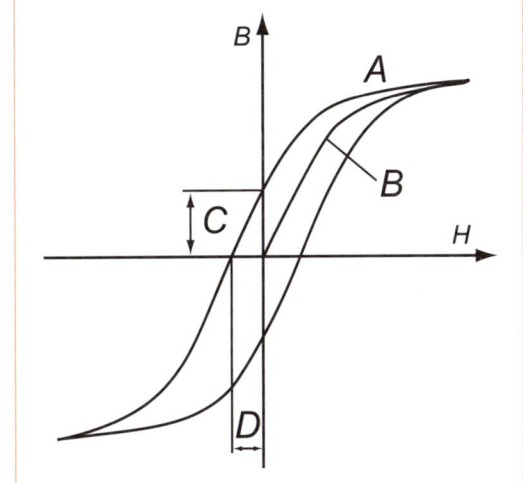

| | A | B | C | D |
|---|---|---|---|---|
| 1 | Neukurve | Sättigungsbereich | Koerzitivfeldstärke | Remanenzflussdichte |
| 2 | Sättigungsbereich | Neukurve | Remanenzflussdichte | Koerzitivfeldstärke |
| 3 | Sättigungsbereich | Neukurve | Koerzitivfeldstärke | Remanenzflussdichte |
| 4 | Sättigungsbereich | Koerzitivfeldstärke | Neukurve | Remanenzflussdichte |
| 5 | Neukurve | Koerzitivfeldstärke | Remanenzflussdichte | Sättigungsbereich |

**17**

An einem Ohmschen Widerstand wird die Spannung um 50 % erhöht. Welche Aussage über den Leistungsumsatz am Widerstand ist richtig?

| 1 | Der Widerstandswert ändert sich nicht, deshalb bleibt der Leistungsumsatz gleich. |
|---|---|
| 2 | Der Leistungsumsatz sinkt um 50 %. |
| 3 | Der Leistungsumsatz steigt um 50 %. |
| 4 | Der Leistungsumsatz steigt um 125 %. |
| 5 | Der Leistungsumsatz verdoppelt sich. |

**18** Nicht abwählbar!

Welche Beziehung zwischen den Spannungen gilt für das Schaltbild?

| 1 | $U_1 = U_2 + U_3 + U_4 + U_5$ |
|---|---|
| 2 | $U_1 + U_2 = U_3 + U_4 + U_5$ |
| 3 | $U_1 + U_2 + U_3 = U_4 + U_5$ |
| 4 | $U_1 + U_2 + U_3 + U_4 = U_5$ |
| 5 | $U_1 + U_3 = U_2 + U_4 + U_5$ |

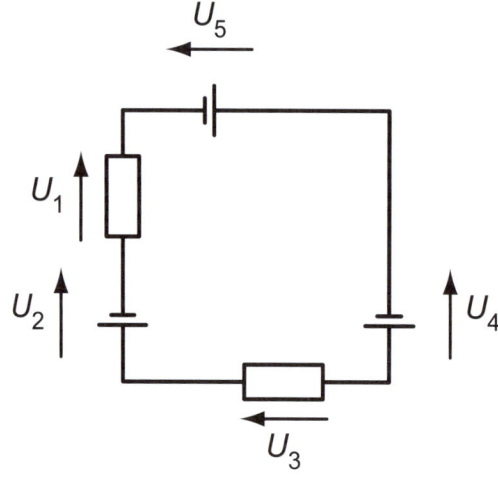

**19**

Wie ändert sich die Stromstärke $I$ in der Schaltung, wenn der Schalter S1 geschlossen wird?

| 1 | Die Stromstärke wird etwas größer. |
|---|---|
| 2 | Die Stromstärke wird etwa tausendmal so groß. |
| 3 | Die Stromstärke wird etwas kleiner. |
| 4 | Die Stromstärke verringert sich auf etwa ein Tausendstel des ursprünglichen Wertes. |
| 5 | Die Stromstärke ändert sich nicht. |

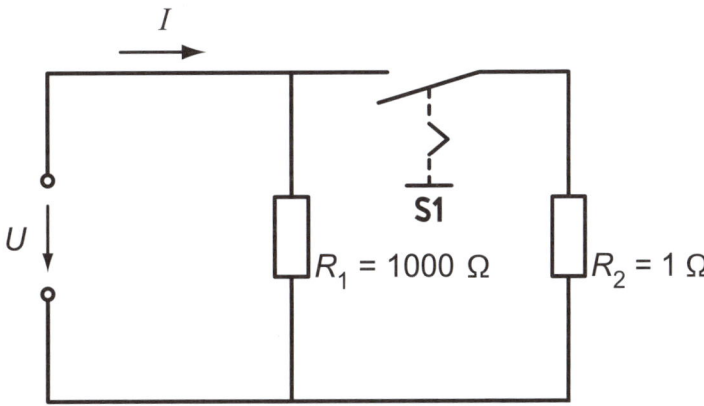

**20** Nicht abwählbar!

Welche der Behauptungen zur skizzierten Parallelschaltung von Spule und Kondensator ist richtig?

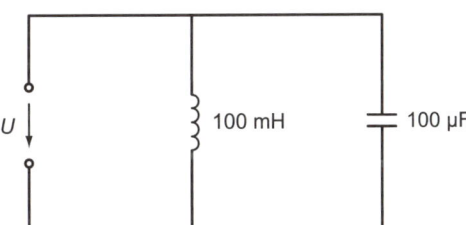

| 1 | Wird die Schaltung mit Wechselspannung betrieben, fließt nur durch den Kondensator ein Strom. |
|---|---|
| 2 | Wird die Schaltung mit Wechselspannung betrieben, fließt nur durch die Spule ein Strom. |
| 3 | Wird die Schaltung mit Gleichspannung betrieben, fließt nur durch den Kondensator ein Strom. |
| 4 | Mit abnehmender Frequenz der Wechselspannung wird der Strom durch den Kondensator kleiner. |
| 5 | Mit abnehmender Frequenz der Wechselspannung wird der Strom durch die Spule kleiner. |

## 21

Eine Gleichspannung von ungefähr 28 V soll gemessen werden. Mit welchem analogen Spannungsmesser erzielt man das exakteste Ergebnis?

| 1 | Güteklasse 2,5 | Messbereich 30 V |
|---|---|---|
| 2 | Güteklasse 1,5 | Messbereich 60 V |
| 3 | Güteklasse 0,5 | Messbereich 60 V |
| 4 | Güteklasse 0,5 | Messbereich 120 V |
| 5 | Güteklasse 2,5 | Messbereich 120 V |

## 22

Welches der Sicherheitskennzeichen ist ein Warnzeichen?

| 1 | Zeichen 1 |
|---|---|
| 2 | Zeichen 2 |
| 3 | Zeichen 3 |
| 4 | Zeichen 4 |
| 5 | Zeichen 5 |

 ①  ②  ③

 ④ 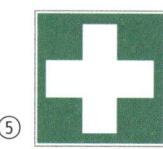 ⑤

## 23

Schutzhelme müssen verschiedene Eigenschaften aufweisen. Welche der aufgelisteten Eigenschaften gehört nach DIN EN 397 *nicht* dazu?

| 1 | Stoßdämpfung |
|---|---|
| 2 | Durchdringungsfestigkeit |
| 3 | Beständigkeit gegen eine Flamme |
| 4 | Schutz gegen unbeabsichtigten Kontakt mit Wechselspannung bis 440 V |
| 5 | Gewährleistung des Sitzes |

## Vor- und Familienname und Ausbildungsbetrieb

| 1 | 2 | 3 | 4 | 5 | 6 | 7 | 8 | 9 | 10 |
|---|---|---|---|---|---|---|---|---|----|
| 1 ☐ | 1 ☐ | 1 ☐ | 1 ☐ | 1 ☐ | 1 ☐ | 1 ☐ | 1 ☐ | 1 ☐ | 1 ☐ |
| 2 ☐ | 2 ☐ | 2 ☐ | 2 ☐ | 2 ☐ | 2 ☐ | 2 ☐ | 2 ☐ | 2 ☐ | 2 ☐ |
| 3 ☐ | 3 ☐ | 3 ☐ | 3 ☐ | 3 ☐ | 3 ☐ | 3 ☐ | 3 ☐ | 3 ☐ | 3 ☐ |
| 4 ☐ | 4 ☐ | 4 ☐ | 4 ☐ | 4 ☐ | 4 ☐ | 4 ☐ | 4 ☐ | 4 ☐ | 4 ☐ |
| 5 ☐ | 5 ☐ | 5 ☐ | 5 ☐ | 5 ☐ | 5 ☐ | 5 ☐ | 5 ☐ | 5 ☐ | 5 ☐ |

| 11 | 12 | 13 | 14 | 15 | 16 | 17 | 18 | 19 | 20 |
|----|----|----|----|----|----|----|----|----|----|
| 1 ☐ | 1 ☐ | 1 ☐ | 1 ☐ | 1 ☐ | 1 ☐ | 1 ☐ | 1 ☐ | 1 ☐ | 1 ☐ |
| 2 ☐ | 2 ☐ | 2 ☐ | 2 ☐ | 2 ☐ | 2 ☐ | 2 ☐ | 2 ☐ | 2 ☐ | 2 ☐ |
| 3 ☐ | 3 ☐ | 3 ☐ | 3 ☐ | 3 ☐ | 3 ☐ | 3 ☐ | 3 ☐ | 3 ☐ | 3 ☐ |
| 4 ☐ | 4 ☐ | 4 ☐ | 4 ☐ | 4 ☐ | 4 ☐ | 4 ☐ | 4 ☐ | 4 ☐ | 4 ☐ |
| 5 ☐ | 5 ☐ | 5 ☐ | 5 ☐ | 5 ☐ | 5 ☐ | 5 ☐ | 5 ☐ | 5 ☐ | 5 ☐ |

| 21 | 22 | 23 |
|----|----|----|
| 1 ☐ | 1 ☐ | 1 ☐ |
| 2 ☐ | 2 ☐ | 2 ☐ |
| 3 ☐ | 3 ☐ | 3 ☐ |
| 4 ☐ | 4 ☐ | 4 ☐ |
| 5 ☐ | 5 ☐ | 5 ☐ |

**10 Punkte je ungebundene Aufgabe**

U 1 ☐☐☐    U 2 ☐☐☐

U 3 ☐☐☐    U 4 ☐☐☐

U 5 ☐☐☐    U 6 ☐☐☐

U 7 ☐☐☐    U 8 ☐☐☐

|  |  | Divisor | |
|---|---|---|---|
|  |  | **A** | Punkte A |
| Anzahl der richtig gelösten gebundenen Aufgaben (max. 20) | ☐ | : **0,4** = | ☐ |
|  |  | **B** | Punkte B |
| Erreichte Punkte bei den ungebundenen Aufgaben (max. 80) | ☐ | : **1,6** = | ☐ |
|  |  |  | Punkte A + B |
| Ergebnis in Punkten (max. 100) |  |  | ☐ |

## Prüfungsaufgabe

Sie sind mit Instandhaltungs- und Installationsaufgaben in einem Flughafengebäude beauftragt. Die Aufträge umfassen Arbeiten an einer Anzeigetafel, an einer USV-Anlage und an einem Computer-Netzwerk.

## Funktionsbeschreibung

### Anzeigetafel

Die Anzeigetafel setzt sich aus mehreren Ziffern zusammen. Jede einzelne Ziffer besteht aus den Segmenten a bis g.

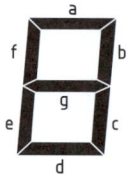

### USV-Anlage

Die Stromversorgung der Leitzentrale eines Flughafens wird mit einer USV-Anlage sichergestellt. Die unterbrechungsfreie Stromversorgung besteht aus Gleichrichter, Batterie und Wechselrichter.

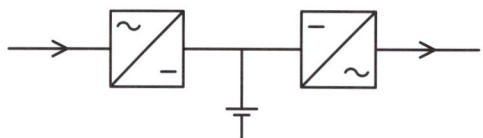

Angeschlossen ist die USV-Anlage zwischen dem Versorgungsnetz und der Last.

### Computer-Netzwerk

Für die Installation eines Computernetzwerkes im Verwaltungsgebäude gelten folgende Anforderungen:

– Fast Ethernet
– Erweiterte Sterntopologie
– Netzwerkkabel Cat 7
– Glasfaserkabel-Anschluss an das Flughafennetzwerk
– Router als Gebäudeverteiler mit 4 Ports im Kellergeschoss
– Patchfeld 8-fach Cat 7 im Kellergeschoss
– 8-Port-Switches im Etagenverteiler
– Patchfeld 8-fach Cat 7 im Etagenverteiler
– Datendose RJ45 2 AP (2-fach, Aufputz) in den Büroräumen

## U1

Die Ziffern 0 bis 9 werden mittels BCD-Code dargestellt, siehe Bild 1. Bild 2 zeigt die zugehörige Ansteuerung der sieben Segmente a bis g.

| BCD-8-4-2-1 | | | | | |
| --- | --- | --- | --- | --- | --- |
| D | C | B | A | | |
| 0 | 0 | 0 | 0 | | 0 |
| 0 | 0 | 0 | 1 | | 1 |
| 0 | 0 | 1 | 0 | | 2 |
| 0 | 0 | 1 | 1 | | 3 |
| 0 | 1 | 0 | 0 | | 4 |
| 0 | 1 | 0 | 1 | | 5 |
| 0 | 1 | 1 | 0 | | 6 |
| 0 | 1 | 1 | 1 | | 7 |
| 1 | 0 | 0 | 0 | | 8 |
| 1 | 0 | 0 | 1 | | 9 |

*Bild 1: BCD-Code*

| 7-Segment-Code | | | | | | |
| --- | --- | --- | --- | --- | --- | --- |
| g | f | e | d | c | b | a |
| 0 | 1 | 1 | 1 | 1 | 1 | 1 |
| 0 | 0 | 0 | 0 | 1 | 1 | 0 |
| 1 | 0 | 1 | 1 | 0 | 1 | 1 |
| 1 | 0 | 0 | 1 | 1 | 1 | 1 |
| 1 | 1 | 0 | 0 | 1 | 1 | 0 |
| 1 | 1 | 0 | 1 | 1 | 0 | 1 |
| 1 | 1 | 1 | 1 | 1 | 0 | 1 |
| 0 | 0 | 0 | 0 | 1 | 1 | 1 |
| 1 | 1 | 1 | 1 | 1 | 1 | 1 |
| 1 | 1 | 0 | 1 | 1 | 1 | 1 |

*Bild 2: 7-Segment-Code*

**Beispiel Ziffer 1**
Eingang (DCBA): 0001
Ausgang Segment b: 1
Ausgang Segment c: 1

Für die einzelnen Ausgänge a bis g wurden KV-Diagramme erstellt. Ordnen Sie die Segmente a bis g den KV-Diagrammen zu, siehe nächste Seite. Die für den BCD-Code überflüssigen Größen (10 bis 15) sind in den KV-Diagrammen als Kreuz eingetragen. (10 Punkte)

| Segment | KV-Diagramm | Segment | KV-Diagramm |
|---|---|---|---|
|  | | | |

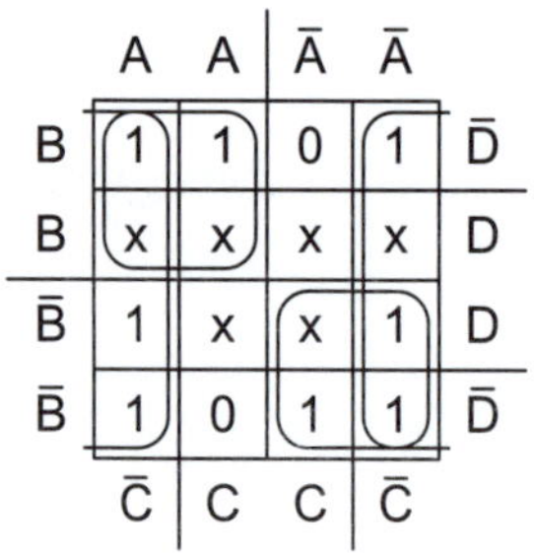

**Diagramm 1 (oben links)**

|  | A | A | Ā | Ā |  |
|---|---|---|---|---|---|
| B | 1 | 1 | 0 | 1 | D̄ |
| B | x | x | x | x | D |
| B̄ | 1 | x | x | 1 | D |
| B̄ | 1 | 0 | 1 | 1 | D̄ |
|  | C̄ | C | C | C̄ |  |

**Segment a (oben rechts)**

|  | A | A | Ā | Ā |  |
|---|---|---|---|---|---|
| B | 1 | 1 | 1 | 1 | D̄ |
| B | x | x | x | x | D |
| B̄ | 1 | x | x | 1 | D |
| B̄ | 0 | 1 | 0 | 1 | D̄ |
|  | C̄ | C | C | C̄ |  |

**Diagramm 2 (Mitte links)**

|  | 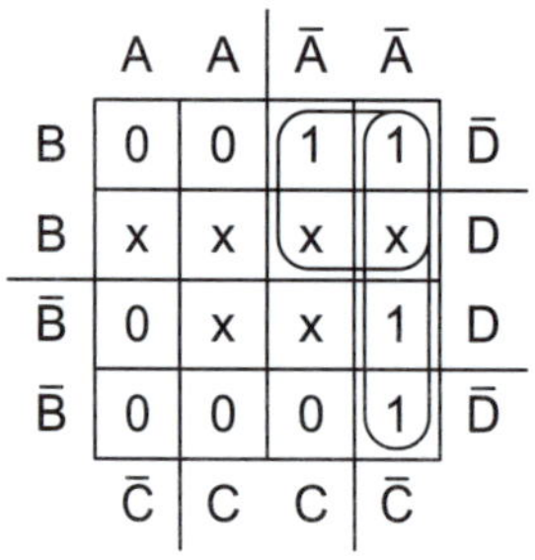 A | A | Ā | Ā |  |
|---|---|---|---|---|---|
| B | 0 | 0 | 1 | 1 | D̄ |
| B | x | x | x | x | D |
| B̄ | 0 | x | x | 1 | D |
| B̄ | 0 | 0 | 0 | 1 | D̄ |
|  | C̄ | C | C | C̄ |  |

**Diagramm 2 (Mitte rechts)**

|  | 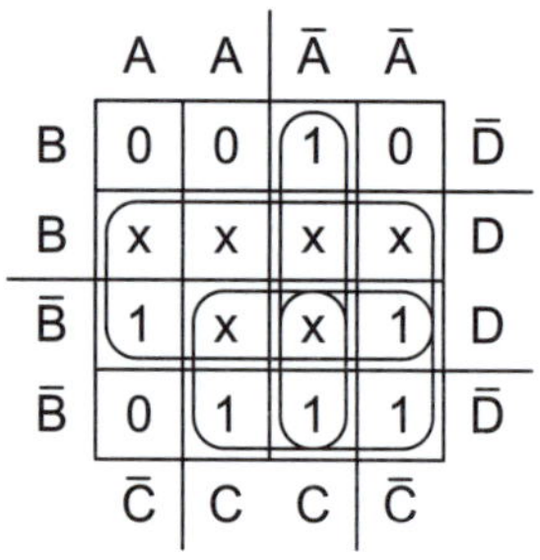 A | A | Ā | Ā |  |
|---|---|---|---|---|---|
| B | 0 | 0 | 1 | 0 | D̄ |
| B | x | x | x | x | D |
| B̄ | 1 | x | x | 1 | D |
| B̄ | 0 | 1 | 1 | 1 | D̄ |
|  | C̄ | C | C | C̄ |  |

**Diagramm 3 (links)**

|  | 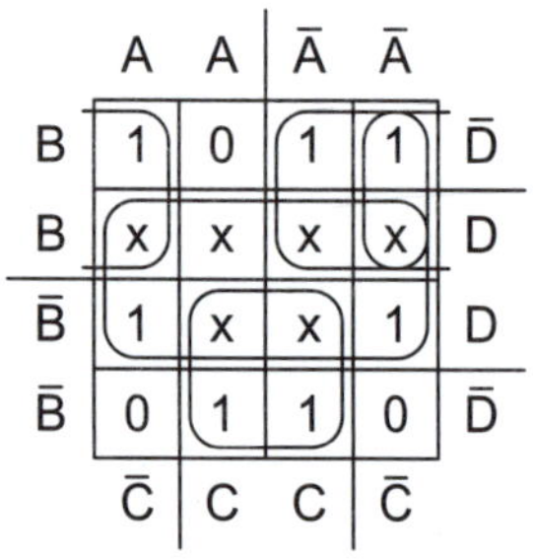 A | A | Ā | Ā |  |
|---|---|---|---|---|---|
| B | 1 | 0 | 1 | 1 | D̄ |
| B | x | x | x | x | D |
| B̄ | 1 | x | x | 1 | D |
| B̄ | 0 | 1 | 1 | 0 | D̄ |
|  | C̄ | C | C | C̄ |  |

**Diagramm 3 (rechts)**

|  | 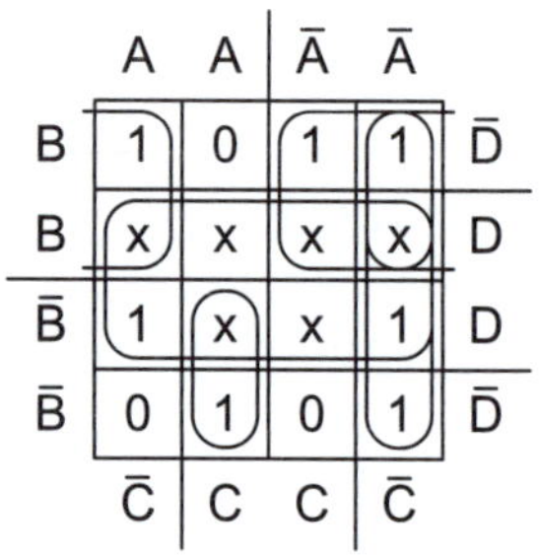 A | A | Ā | Ā |  |
|---|---|---|---|---|---|
| B | 1 | 0 | 1 | 1 | D̄ |
| B | x | x | x | x | D |
| B̄ | 1 | x | x | 1 | D |
| B̄ | 0 | 1 | 0 | 1 | D̄ |
|  | C̄ | C | C | C̄ |  |

**Diagramm 4 (unten links)**

|  | 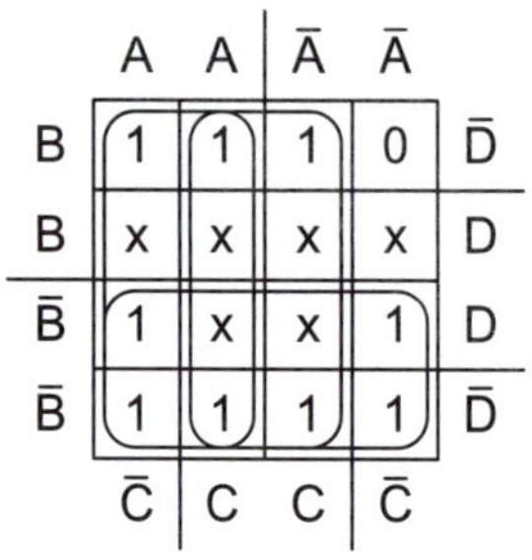 A | A | Ā | Ā |  |
|---|---|---|---|---|---|
| B | 1 | 1 | 1 | 0 | D̄ |
| B | x | x | x | x | D |
| B̄ | 1 | x | x | 1 | D |
| B̄ | 1 | 1 | 1 | 1 | D̄ |
|  | C̄ | C | C | C̄ |  |

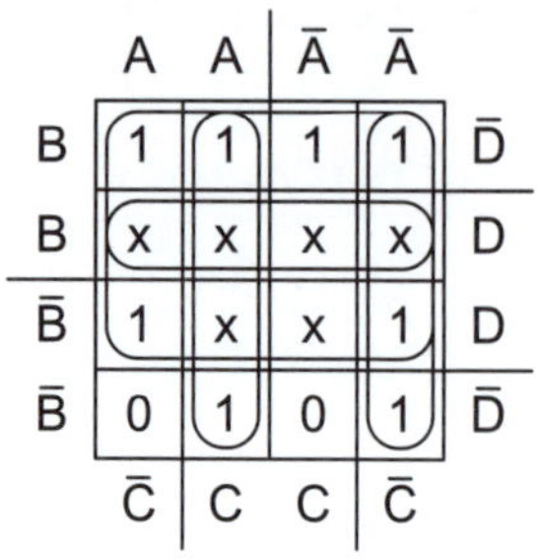

## U2

1. Die Signalwerte 1 bzw. x wurden in den KV-Diagrammen zu Blöcken zusammengefasst. Erstellen Sie die vereinfachte Gleichung für das Segment a. (4 Punkte)


a = _____

2. Erstellen Sie den Funktionsplan für das Segment a. (6 Punkte)

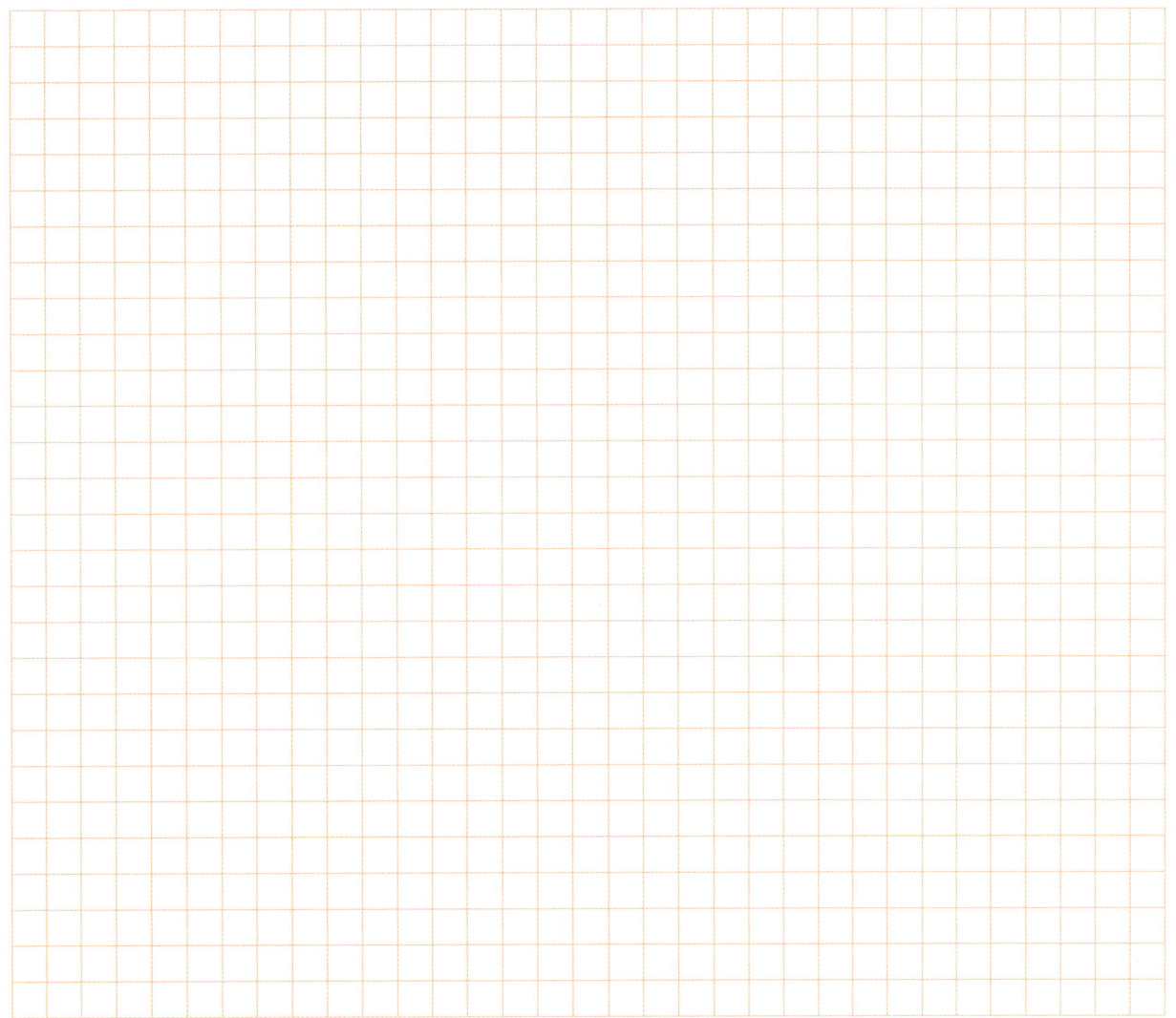

## U3

Beschreiben Sie die Funktionsweise der USV-Anlage

1. im Normalbetrieb und (5 Punkte)

2. im Falle einer Störung des Versorgungsnetzes. (5 Punkte)

**U4**

Die Bleisäure-Batterie besteht aus 192 in Reihe geschalteten Zellen. Die Leerlaufspannung der Batterie ist 432 V.

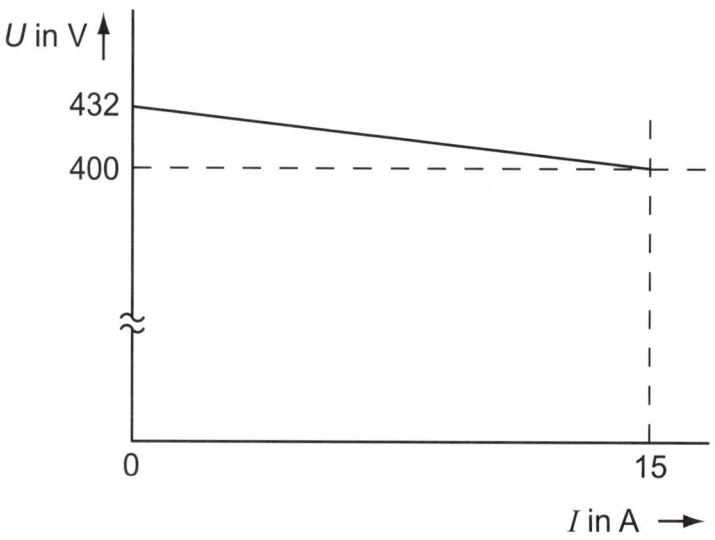

1. Berechnen Sie die Quellenspannung einer Zelle. (3 Punkte)
2. Berechnen Sie anhand der Kennlinie den Innenwiderstand der Batterie. (4 Punkte)
3. Berechnen Sie den Innenwiderstand einer Zelle. (3 Punkte)

**U5**

Sie planen die Installation des Computer-Netzwerkes des Verwaltungsgebäudes. In allen drei Etagen werden vier Rechner vernetzt. Umgesetzt werden soll eine erweiterte Sterntopologie.

Skizzieren Sie den Netzwerkplan. Nutzen Sie die vorbereitete Gebäudeskizze. Beschriften Sie die verwendeten Symbole (Router, Switch, RJ45-Dose). (10 Punkte)

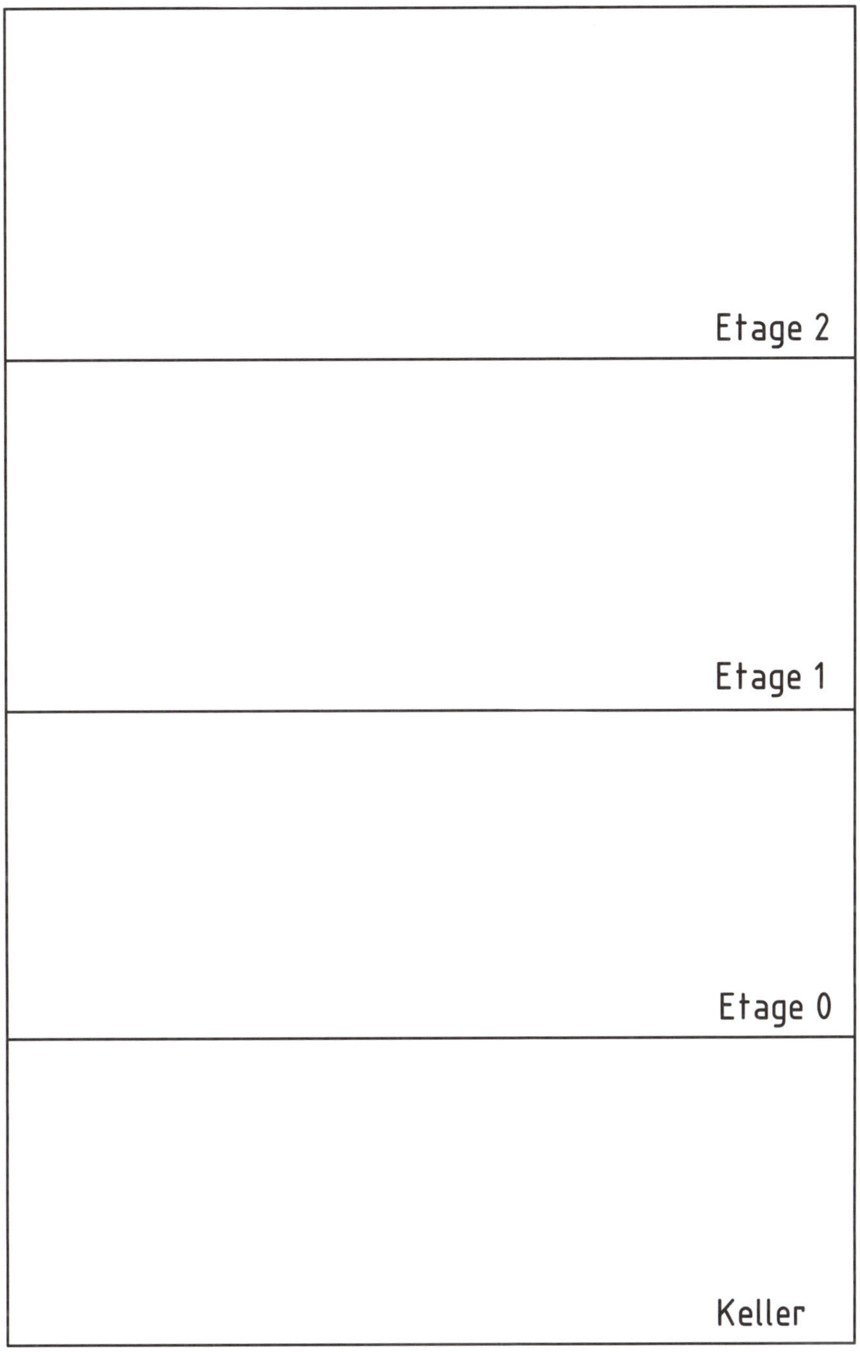

Etage 2

Etage 1

Etage 0

Keller

## U6
Nennen Sie jeweils zwei Vorteile von Lichtwellenleiter-Kabeln und von Twisted-Pair-Kabeln. (10 Punkte)

## U7
Der Flughafenbetreiber kauft bei Ihnen für die Austattung des Verwaltungsgebäudes 12 PCs mit Monitoren. Er erkundigt sich nach den Kennzeichnungen auf dem Monitor und dem PC-Gehäuse. Am Monitor sind die Prüfzeichen TCO Certified, GS und CE zu sehen.

1. TCO Certified
   GS
   CE

Tragen Sie das Prüfzeichen vor die passende Beschreibung ein. (6 Punkte)

| | |
|---|---|
| | Das Produkt entspricht den Anforderungen des Geräte- und Produktsicherheitsgesetzes, den Unfallvorschriften der Berufsgenossenschaften, DIN- und EN-Normen sowie den allgemein anerkannten Regeln der Technik. |
| | Das Produkt hält laut Hersteller die Sicherheits- und Gesundheitsanforderungen entsprechend der EU-Richtlinien ein. |
| | Die gesundheitlichen Auswirkungen auf den Benutzer die ergonomische Qualität und die Umweltverträglichkeit sind geprüft. |

2. Der Kunde vermisst am PC-Gehäuse das VDE-Prüfzeichen. Geben Sie eine Erläuterung, ob der PC eingesetzt werden darf, obwohl kein VDE-Prüfzeichen am Gehäuse vorhanden ist. (4 Punkte)

## U8

Der Nettopreis für einen PC mit Monitor beträgt 780,00 EUR. Bestellt werden 12 PCs mit Monitoren. Sie vereinbaren ein Skonto von 2 %. Berechnen Sie den Endpreis unter Berücksichtigung des Skontoabzugs und der gesetzlichen Umsatzsteuer. (10 Punkte)

**1**

Welche der skizzierten Antriebsarten zeigt eine Betätigung durch Berühren?

| 1 | $\llcorner$F－－ |
| 2 | ◇－－ |
| 3 | ⮞◇－－ |
| 4 | ⊂－－ |
| 5 | ⚘－－ |

**2**

Welche der Überstromschutzeinrichtungen schützt nur bei Kurzschluss?

| 1 | Leitungsschutzsicherung |
| 2 | Leitungsschutzschalter |
| 3 | Teilbereichssicherung zum Geräteschutz |
| 4 | Leitungsschutzschalter mit Schnellauslösung |
| 5 | Leistungsschalter |

**3**

Welche Aussage über den Schutz durch Überstromschutzeinrichtungen im TN-S-System ist falsch?

| 1 | Der PE-Leiter darf nicht allein schaltbar sein. |
| 2 | Der Schleifenwiderstand muss größer als 1,2 $\Omega$ sein. |
| 3 | Die elektrisch leitfähigen Körper müssen mit dem geerdeten Sternpunkt des Netztransformators verbunden sein. |
| 4 | Jeder Außenleiter muss über eine Überstromschutzeinrichtung abgesichert werden. |
| 5 | In den PE-Leiter darf keine Überstromschutzeinrichtung eingebaut werden. |

**4**

Welche der Maßnahmen gehört *nicht* zur Sichtprüfung nach VDE 0100 Teil 610?

| 1 | Die Querschnittkontrolle des Schutzleiters. |
| 2 | Die Kontrolle der Kennzeichnung der Schutzleiteranschlussstellen. |
| 3 | Die Kontrolle der Klemmstellen auf Sicherung gegen Selbstlockern. |
| 4 | Die Kontrolle des Funktionsplans. |
| 5 | Die Kontrolle des Schutzes gegen direktes Berühren. |

**5**

Welche Skizze zeigt ein IT-System?

| 1 | a |
|---|---|
| 2 | b |
| 3 | c |
| 4 | d |
| 5 | e |

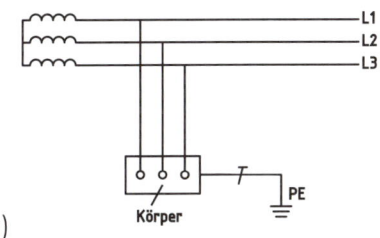

a)

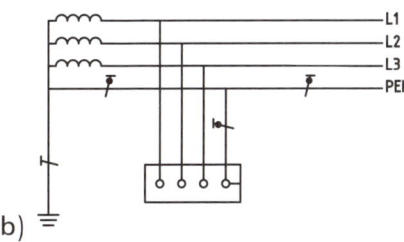

b)

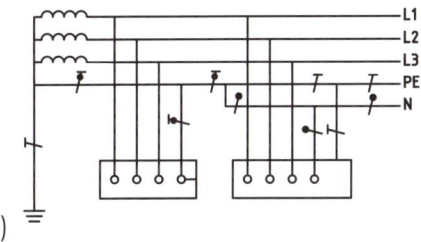

c)

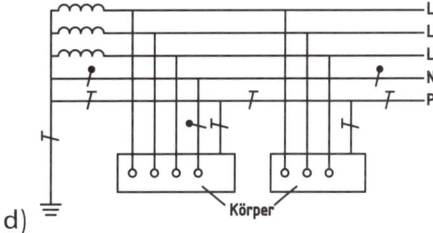

d)

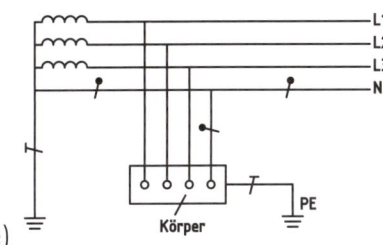

e)

**6**

Welche Aussage über den Einsatz einer Isolationsüberwachungseinheit ist falsch?

| 1 | Hilfserdungsleitung und Schutzleitung der Anlage müssen gegeneinander isoliert sein. |
|---|---|
| 2 | Der Einsatz ist nur in IT-Netzen zulässig. |
| 3 | Der Einsatz ist nur in begrenzten Anlagen zulässig, beispielsweise in einem Operationssaal. |
| 4 | Alle Anlagenteile, Körper, Rohre usw. müssen durch einen Schutzleiter miteinander verbunden sein. |
| 5 | Der Gesamterdungswiderstand darf nicht größer als 20 Ω sein. |

**7** Nicht abwählbar!

Welche Aussage über das skizzierte Drehstromsystem ist richtig?

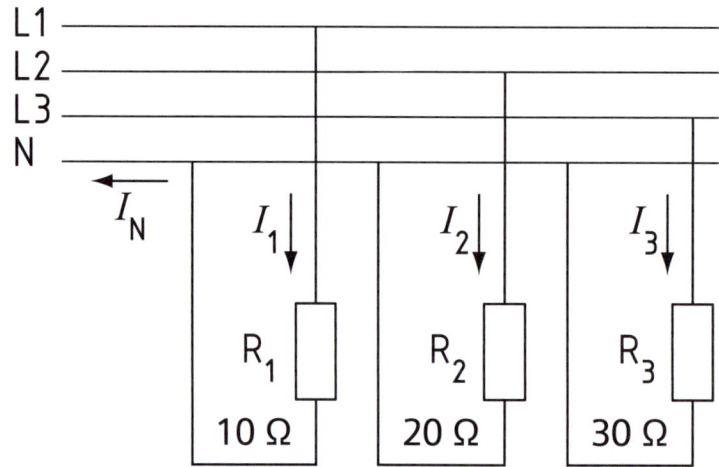

| 1 | Die Stromstärke ist in allen Strängen gleich. |
|---|---|
| 2 | $I_3$ ist der größte Strangstrom. |
| 3 | Die Stromstärke im Neutralleiter ist Null. |
| 4 | In $R_2$ wird die größte Leistung umgesetzt. |
| 5 | $I_1$ ist der größte Strangstrom. |

**8**

Welche Aussage zur skizzierten Schaltung ist falsch?

| 1 | Am Wirkwiderstand wird keine Blindleistung umgesetzt. |
|---|---|
| 2 | Die Spannung $U_L$ eilt dem Strom um den Winkel $\varphi$ voraus. |
| 3 | Der Strom eilt der Spannung $U_L$ um den Winkel $\varphi$ nach. |
| 4 | Die Spannung $U$ kann durch Addition der Beträge von $U_R$ und $U_L$ berechnet werden. |
| 5 | Der Blindleistungsumsatz der Spule kann durch Multiplikation von $U_L$ und $I$ berechnet werden. |

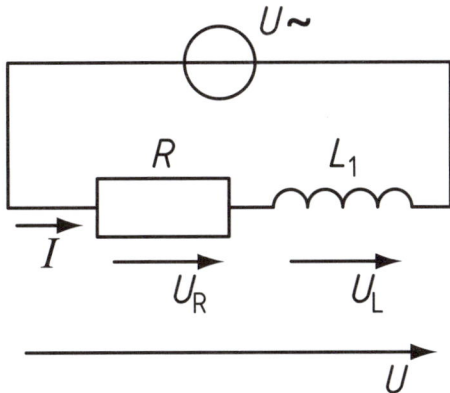

**9**

Zu welcher logischen Verknüpfung gehört diese Funktionstabelle?

| 1 | UND-Verknüpfung |
|---|---|
| 2 | ODER-Verknüpfung |
| 3 | NICHT-Verknüpfung |
| 4 | ÄQUIVALENZ-Verknüpfung |
| 5 | ANTIVALENZ-Verknüpfung |

| E1 | E2 | E3 | A |
|----|----|----|---|
| 0 | 0 | 0 | 0 |
| 0 | 0 | 1 | 0 |
| 0 | 1 | 0 | 0 |
| 0 | 1 | 1 | 0 |
| 1 | 0 | 0 | 0 |
| 1 | 0 | 1 | 0 |
| 1 | 1 | 0 | 0 |
| 1 | 1 | 1 | 1 |

**10** Nicht abwählbar!

Welche logische Funktion wird durch die skizzierte Schaltung realisiert?

| 1 | ODER-Verknüpfung |
|---|---|
| 2 | NOR-Verknüpfung |
| 3 | UND-Verknüpfung |
| 4 | NAND-Verknüpfung |
| 5 | NICHT-Verknüpfung |

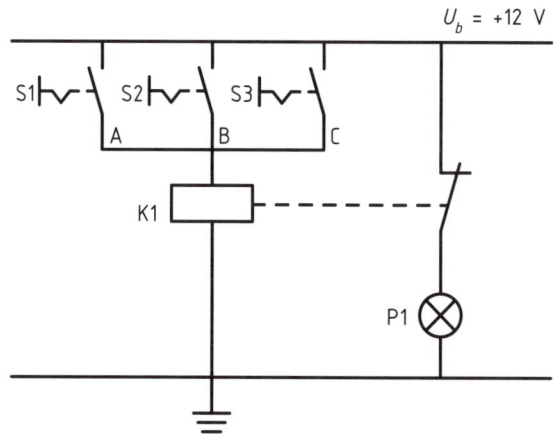

**11** Nicht abwählbar!

Zu welcher logischen Verknüpfung gehört dieser Signal-Zeit-Plan?

| 1 | ODER-Verknüpfung |
|---|---|
| 2 | NOR-Verknüpfung |
| 3 | UND-Verknüpfung |
| 4 | NAND-Verknüpfung |
| 5 | NICHT-Verknüpfung |

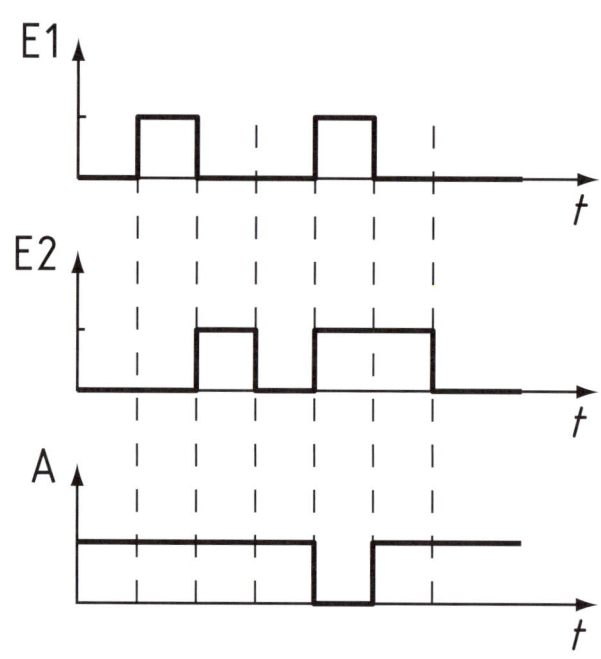

## 12
Welche Umwandlung von Dezimalzahl in Binärzahl und Hexadezimal ist richtig?

| | Dezimal | Binär | Hexadezimal |
|---|---|---|---|
| 1 | 13 | 1111 | D |
| 2 | 98 | 1100010 | 72 |
| 3 | 77 | 1001011 | 4D |
| 4 | 148 | 10010100 | 95 |
| 5 | 86 | 1010110 | 56 |

## 13 Nicht abwählbar!
Welche Aussage über die Bemessungsspannung einer Leitung H07 RN-F 3 G 1,5 ist richtig?

| | Größte zulässige Spannung Leiter gegen Erde | Größte zulässige Spannung Leiter gegen Leiter |
|---|---|---|
| 1 | 300 V | 300 V |
| 2 | 300 V | 500 V |
| 3 | 500 V | 300 V |
| 4 | 450 V | 700 V |
| 5 | 700 V | 450 V |

## 14
In welchem Fall darf eine Mantelleitung *nicht* verlegt werden?

| | |
|---|---|
| 1 | Direkt in Rüttel- oder Stampfbeton. |
| 2 | Im Freien, vor direkter Sonneneinstrahlung geschützt. |
| 3 | In trockenen Räumen. |
| 4 | In feuchten oder nassen Räumen. |
| 5 | In Bädern und Duschen im Bereich 0, 1 und 2. |

**15** Nicht abwählbar!

Welcher Faktor beeinflusst die Strombelastbarkeit von Leitungen *nicht*?

| 1 | Leiterquerschnitt |
|---|---|
| 2 | Verlegeart |
| 3 | Umgebungstemperatur |
| 4 | Häufung von Leitungen |
| 5 | Länge der Leitung |

**16**

Der Lastwiderstand $R_L$ der skizzierten Gleichrichterschaltung wird durch den Strom $I = 5$ A durchflossen. Für welche Stromstärke müssen die Gleichrichterdioden mindestens bemessen sein?

| 1 | 2,5 A |
|---|---|
| 2 | 5 A |
| 3 | 3,5 A |
| 4 | 7 A |
| 5 | 8,7 A |

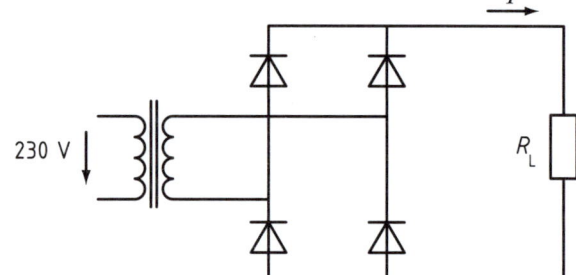

**17**

Welche Formel zur Berechnung der elektrischen Arbeit ist falsch?

| 1 | $W = I^2 \cdot R \cdot t$ |
|---|---|
| 2 | $W = P \cdot t$ |
| 3 | $W = \dfrac{U^2}{R} \cdot t$ |
| 4 | $W = \dfrac{R^2}{U} \cdot t$ |
| 5 | $W = U \cdot I \cdot t$ |

**18**

Für welchen Wert einer Wechselspannung muss die Isolation bemessen werden?

| 1 | Für den Scheitelwert. |
|---|---|
| 2 | Für den doppelten Scheitelwert. |
| 3 | Für den Effektivwert. |
| 4 | Für den arithmetischen Mittelwert. |
| 5 | Für den halben Effektivwert. |

**19**

Was beschreibt der Begriff „dielektrische Polarisation"?

| 1 | Das Ausrichten von Dipolen im Nichtleiter unter Einfluss eines äußeren elektrischen Feldes. |
|---|---|
| 2 | Das Ausrichten von Elementarmagneten unter Einfluss eines äußeren magnetischen Feldes. |
| 3 | Die Spannungsinduktion in einem bewegten Leiter unter Einfluss eines magnetischen Feldes. |
| 4 | Das schlagartige Verschwinden des elektrischen Widerstandes bei sehr tiefen Temperaturen. |
| 5 | Die Ladungsverschiebung im Leiter unter Einfluss eines äußeren elektrischen Feldes. |

**20**

An welcher Querschnittstelle des Eisenkerns ist die magnetische Flussdichte am größten?

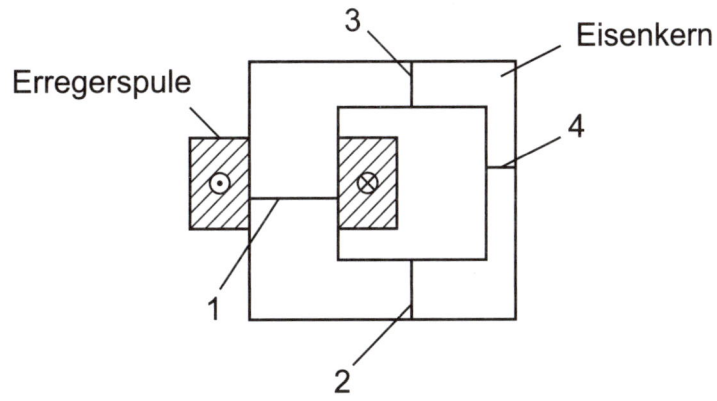

| 1 | Die magnetische Flussdichte ist an allen Stellen des Eisenkerns gleich groß. |
|---|---|
| 2 | An Querschnittstelle 1. |
| 3 | An Querschnittstelle 2. |
| 4 | An Querschnittstelle 3. |
| 5 | An Querschnittstelle 4. |

**21**

Welche Aussage über die Schaltung von Kondensatoren ist richtig?

| 1 | Bei der Parallelschaltung fällt am Kondensator mit der kleinsten Kapazität die größte Spannung ab. |
|---|---|
| 2 | Bei der Parallelschaltung von Kondensatoren verschiedener Kapazität besitzen alle Kondensatoren die gleiche Ladung. |
| 3 | Bei der Parallelschaltung von Kondensatoren verschiedener Kapazität ist die Kapazität der Gesamtschaltung so groß wie die Kapazität des größten Kondensators. |
| 4 | Bei der Reihenschaltung von drei Kondensatoren gleicher Kapazität besitzt die Gesamtschaltung ein Drittel der Kapazität der einzelnen Kondensatoren. |
| 5 | Bei der Reihenschaltung besitzt der Kondensator mit der größten Kapazität die größte Ladung. |

**22**

Warum ist der Einschaltstrom einer Glühlampe ungefähr zehnmal so groß wie der Bemessungsstrom?

| 1 | Weil die Glühlampe ein Heißleiter ist. |
|---|---|
| 2 | Weil die Glühlampe ein spannungsabhängiger Widerstand ist. |
| 3 | Weil der Kaltwiderstand das Zehnfache des Betriebswiderstandes beträgt. |
| 4 | Weil noch keine Gegenspannung wirksam ist. |
| 5 | Weil der Kaltwiderstand ungefähr ein Zehntel des Betriebswiderstandes beträgt. |

**23** Nicht abwählbar!

Wie ändern sich in der skizzierten Schaltung die Spannung $U_2$ und der Strom $I_{ges}$, wenn die Meldelampe P1 durchbrennt?

| 1 | $U_2$ und $I_{ges}$ werden größer. |
|---|---|
| 2 | $U_2$ wird größer und $I_{ges}$ wird kleiner. |
| 3 | $U_2$ wird kleiner und $I_{ges}$ wird größer. |
| 4 | $U_2$ und $I_{ges}$ werden kleiner. |
| 5 | $U_2$ und $I_{ges}$ ändern sich nicht. |

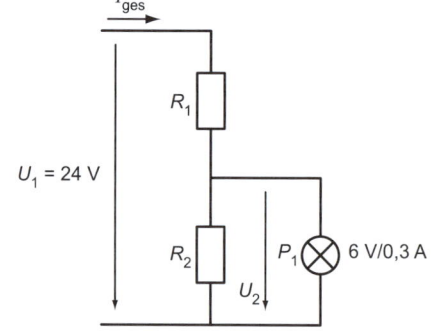

Vor- und Familienname und Ausbildungsbetrieb

| 1 | 2 | 3 | 4 | 5 | 6 | 7 | 8 | 9 | 10 |
|---|---|---|---|---|---|---|---|---|---|
| 1 | 1 | 1 | 1 | 1 | 1 | 1 | 1 | 1 | 1 |
| 2 | 2 | 2 | 2 | 2 | 2 | 2 | 2 | 2 | 2 |
| 3 | 3 | 3 | 3 | 3 | 3 | 3 | 3 | 3 | 3 |
| 4 | 4 | 4 | 4 | 4 | 4 | 4 | 4 | 4 | 4 |
| 5 | 5 | 5 | 5 | 5 | 5 | 5 | 5 | 5 | 5 |

| 11 | 12 | 13 | 14 | 15 | 16 | 17 | 18 | 19 | 20 |
|---|---|---|---|---|---|---|---|---|---|
| 1 | 1 | 1 | 1 | 1 | 1 | 1 | 1 | 1 | 1 |
| 2 | 2 | 2 | 2 | 2 | 2 | 2 | 2 | 2 | 2 |
| 3 | 3 | 3 | 3 | 3 | 3 | 3 | 3 | 3 | 3 |
| 4 | 4 | 4 | 4 | 4 | 4 | 4 | 4 | 4 | 4 |
| 5 | 5 | 5 | 5 | 5 | 5 | 5 | 5 | 5 | 5 |

| 21 | 22 | 23 |
|---|---|---|
| 1 | 1 | 1 |
| 2 | 2 | 2 |
| 3 | 3 | 3 |
| 4 | 4 | 4 |
| 5 | 5 | 5 |

**10 Punkte je ungebundene Aufgabe**

U 1   U 2   U 3   U 4   U 5   U 6   U 7   U 8

Anzahl der richtig gelösten gebundenen Aufgaben (max. 20) : **0,4** (Divisor A) = Punkte A

Erreichte Punkte bei den ungebundenen Aufgaben (max. 80) : **1,6** (B) = Punkte B

Ergebnis in Punkten (max. 100)   Punkte A + B

## Prüfungsaufgabe

Als Teilschritt einer Prozesskette soll ein Produkt gerührt werden. Die Steuerung des Rührwerks soll mithilfe einer speicherprogrammierbaren Steuerung aufgebaut werden. Sie erhalten den Auftrag, die Steuerung zu entwerfen und Instandhaltungsarbeiten an der Anlage durchzuführen.

Machen Sie sich mit der Funktionsweise der Produktionsanlage vertraut und gehen Sie in der durch die Aufgaben vorgegebenen Reihenfolge vor.

## Funktionsbeschreibung

Technologieschema

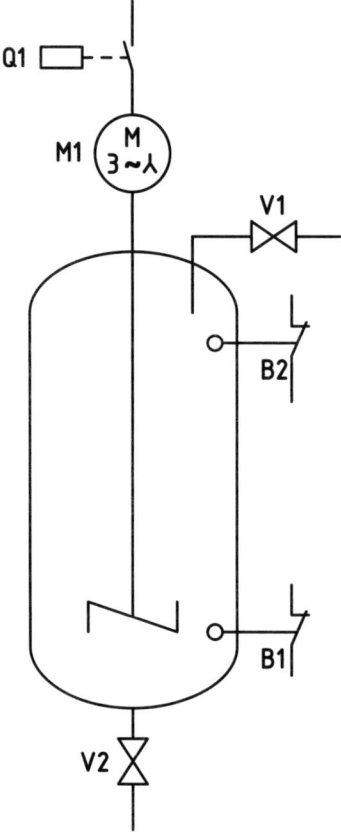

An die von Ihnen zu entwerfende Steuerung werden folgende Anforderungen gestellt:

- Angetrieben wird das Rührwerk durch den Getriebemotor M1.
- Geschaltet wird der Motor M1 vom Schütz Q1.
- Die Anlage wird gestartet (Taster S1).
- Der Rührer läuft unter der Bedingung an, dass der Behälter leer ist (B1 = 1) und das Ventil V2 geschlossen ist.
- Nach 10 Sekunden Verzögerung ab dem Start des Rührers öffnet das Ventil V1 und der Behälter wird befüllt.
- Nach Erreichen der Befüllungsgrenze (B2 = 0) schließt das Ventil V1. Das Ventil V2 öffnet und das Produkt wird abgelassen.
- Nach vollständiger Entleerung (B1 = 1) stoppt der Rührer und das Ventil V2 wird geschlossen.

Ein AUS-Taster und eine NOT-AUS-Einrichtung sind nicht zu berücksichtigen.

## U1

1. Sie bereiten die Erstellung eines Logik-Funktionsschaltplans vor. Die Zuordnungsliste beschreibt, welche Betriebsmittel an welche Ein- bzw. Ausgänge der speicherprogrammierbaren Steuerung zu legen sind. Vervollständigen Sie die Tabelle. (5 Punkte)

| Betriebsmittel | Ein-/Ausgang | Kommentar |
|---|---|---|
| B1 | I1 | Unterer Füllstand erreicht, Öffner |
| B2 | I2 | |
| S1 | I3 | |
| Q1 | Q1 | |
| V1 | Q2 | |
| V2 | Q3 | |

Insgesamt werden drei Speicher für die drei Aktoren Q1, V1 und V2 benötigt.

2. Erstellen Sie den Logik-Funktionsschaltplan. (5 Punkte)

Eingang                                              Ausgang

## U2

Die Steuerspannung wird über das Netzgerät T1 bereitgestellt. Als Schutzmaßnahme wird Funktions-kleinspannung (PELV) eingesetzt. Vervollständigen Sie den Schaltplan um die fehlenden Leiterverbin-dungen (Außenleiter frei wählbar). (10 Punkte)

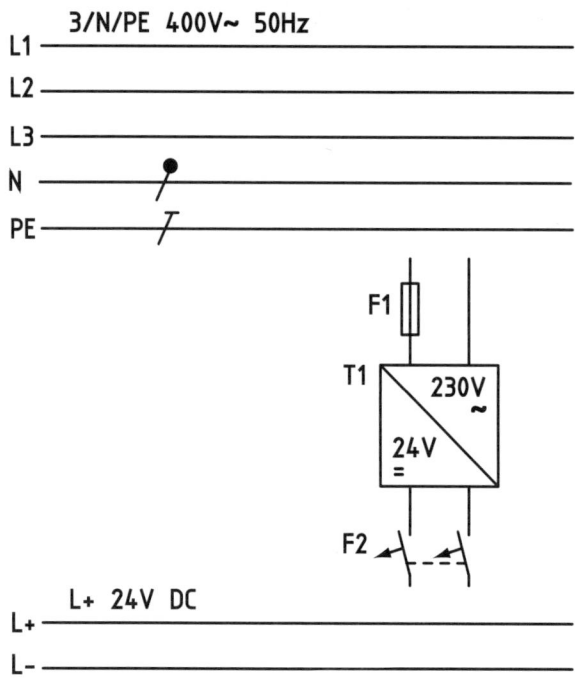

## U3

Das Netzanschlussgerät besteht aus den im Blockschaltbild dargestellten Komponenten. Skizzieren Sie die Spannungen an den Ein- und Ausgängen der Komponente (siehe nächste Seite). (10 Punkte)

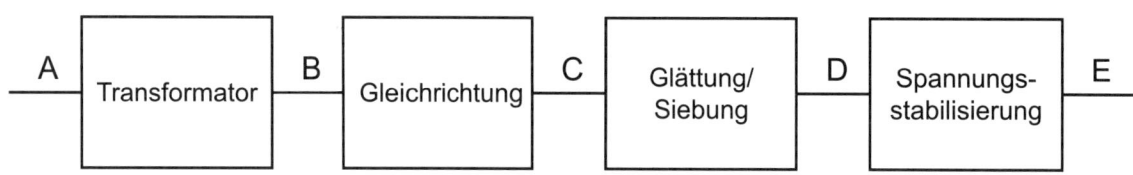

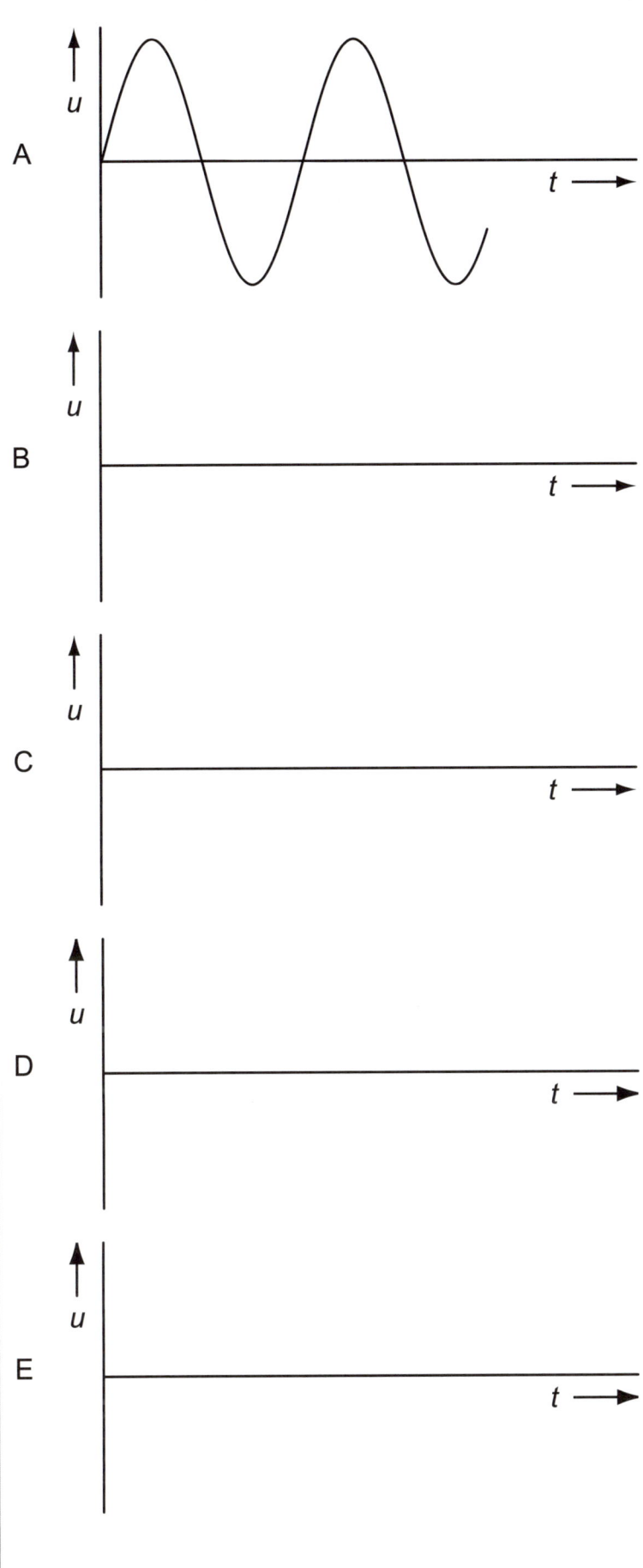

**U4**

Berechnen Sie die Windungszahl auf der Sekundärseite des Transformators. (10 Punkte)

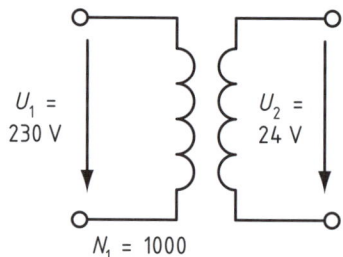

**U5**

Im Leerlauf wird an der Sekundärseite des Transformators die Spannung 26 V gemessen. Die an der Sekundärseite des Transformators liegende Gleichrichterschaltung ist eine Zweipuls-Brückenschaltung B2U. Berechnen Sie den Gleichspannungsanteil der Zweipuls-Brückenschaltung. (10 Punkte)

## U6

Nach der Entleerung des Behälters öffnet das Schütz Q1. Das Schütz wird mit einer Freilaufdiode beschaltet.

1. Erklären Sie den Zweck der Freilaufdiode. (6 Punkte)

2. Zeichnen Sie die Freilaufdiode mit richtiger Polung in den Schaltungsausschnitt ein. (4 Punkte)

**U7**

Der Industriebetrieb ist an das Hochspannungsnetz der öffentlichen Energieversorgung angeschlossen. Das Blockschaltbild zeigt das Prinzip der zentralen Energieversorgung. Geben Sie für jedes Netz die Bezeichnung der Spannungsebene und eine Nennspannung an. (10 Punkte)

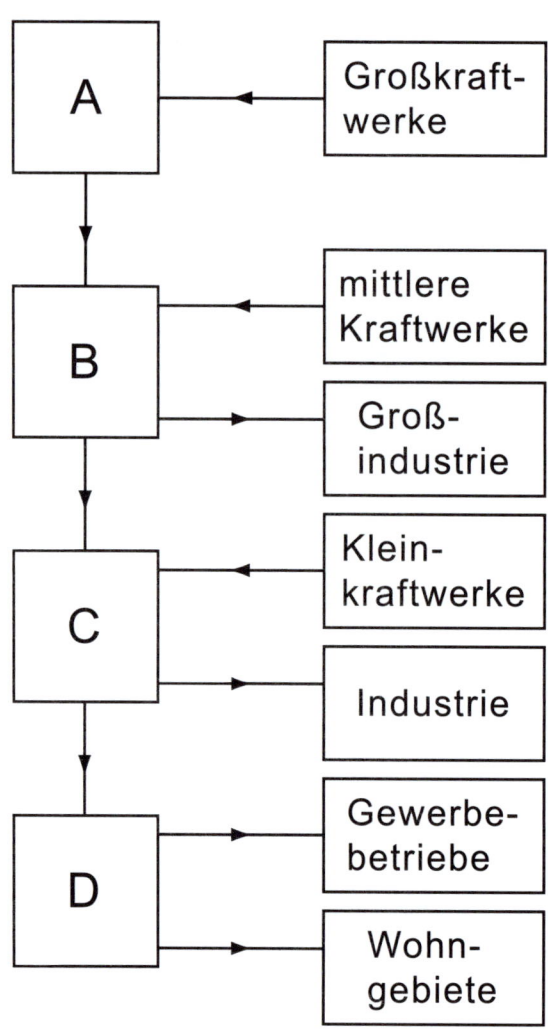

**A:**

**B:**

**C:**

**D:**

## U8

Sie analysieren einen Schaltplan der Energieverteilung im Industriebetrieb. In den Schaltanlagen werden je nach Zweck verschiedene Schaltgeräte eingesetzt. Benennen Sie die Schaltzeichen. (10 Punkte)

| | |
|---|---|
| | |
| | |
| | |
| | |
| | |

## 1

Nebenstehende Lastkurve zeigt den Verlauf des Stromverbrauchs über die 24 Stunden eines Tages. Welche Aussage ist richtig?

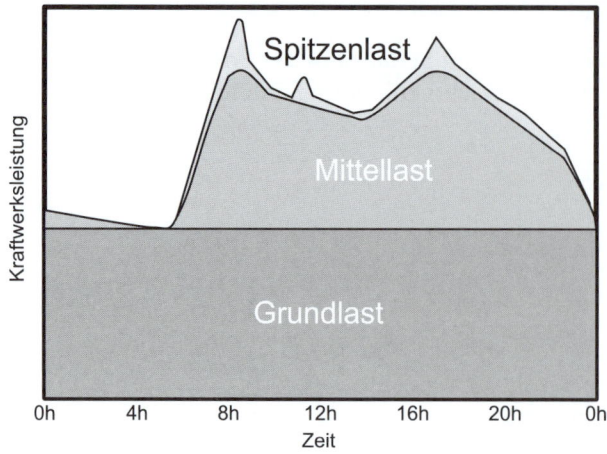

| 1 | Mittellast ist der während einer Zeitspanne gleichbleibende Teil der Gesamtbelastung. |
|---|---|
| 2 | Grundlast wird mit Pumpspeicherkraftwerken abgedeckt. |
| 3 | Spitzenlast ist der Teil der Leistung von Kraftwerken, der während des Großteils eines Tages in Anspruch genommen wird. |
| 4 | Grundlastkraftwerke lassen sich leicht und schnell an- und ausschalten. |
| 5 | Während Schwachlastzeiten werden Grundlastkraftwerke genutzt, um Speicherseen von Pumpspeicherkraftwerken wieder aufzufüllen. |

## 2

Der Schutzleiter eines elektrischen Gerätes ist gebrochen. Was ist die Folge?

| 1 | Die Fehlerstromschutzeinrichtung (RCD) löst den Stromkreis aus. |
|---|---|
| 2 | Die Leitungsschutzsicherung löst aus. |
| 3 | Die Gerätesicherung löst aus. |
| 4 | Am Gehäuse des Gerätes kann eine gefährlich hohe Berührungsspannung auftreten. |
| 5 | Das Gerät funktioniert nicht mehr. |

## 3

Was bedeutet das abgebildete Symbol?

| 1 | Ein Drehstrommotor mit staubdichter Kapselung |
|---|---|
| 2 | Ein Dreiphasenwechselstromsystem |
| 3 | Ein Gerät mit der Schutzmaßnahme Schutzkleinspannung |
| 4 | Ein Gerät mit Schutzisolierung |
| 5 | Ein Gerät mit Schutzleiter |

**4**

Welche Aussage zur Sicherheits-Kleinspannung (SELV) und Schutzkleinspannung (PELV) trifft zu?

| 1 | Bei PELV werden Wechselstromkreise mit Nennspannungen bis 120 V und Gleichstromkreise bis 50 V betrieben. |
|---|---|
| 2 | In PELV-Stromkreisen dürfen Körper geerdet werden. |
| 3 | Bei SELV muss im Gegensatz zu PELV keine sichere Trennung zur höheren Spannung vorliegen. |
| 4 | In PELV-Stromkreisen dürfen aktive Teile nicht geerdet werden. |
| 5 | SELV-Stromkreise müssen geerdet werden. |

**5** Nicht abwählbar!

Welche Aussage zum direkten bzw. indirekten Berühren trifft zu?

| 1 | Direktes Berühren ist das Berühren direkt nach Einschalten der Netzspannung. |
|---|---|
| 2 | Direktes Berühren ist das Berühren unter Spannung stehender Gehäuse. |
| 3 | Indirektes Berühren ist das Berühren von Körpern, die in Folge eines Fehlers unter Spannung stehen. |
| 4 | Direktes Berühren ist das Berühren unter Spannung stehender passiver Teile. |
| 5 | Indirektes Berühren ist das Berühren von Hilfsstromkreisen. |

**6**

Was ist ein Körperschluss?

| 1 | Ein Körperschluss ist ein beliebiger Isolationsfehler eines Elektromotors. |
|---|---|
| 2 | Ein Körperschluss ist eine Verbindung von leitenden Gehäusen mehrerer Betriebsmittel. |
| 3 | Ein Körperschluss ist die Berührung eines unter Spannung stehenden Gehäuseteiles durch Menschen. |
| 4 | Ein Körperschluss ist die Verbindung zwischen PEN-Leiter und dem Körper eines Elektromotors. |
| 5 | Ein Körperschluss ist die Verbindung von aktiven Teilen eines Elektromotors mit dem leitfähigen Gehäuse. |

**7**

Der Messbereich eines analogen Messgerätes sollte so gewählt werden, dass der angezeigte Wert ...

| 1 | im ersten Drittel der Skala liegt. |
|---|---|
| 2 | in der ersten Hälfte der Skala liegt. |
| 3 | im letzten Drittel der Skala liegt. |
| 4 | in der zweiten Hälfte der Skala liegt. |
| 5 | in der Mitte der Skala liegt. |

**8**

Messgeräte wandeln physikalische Größen in Signale um. Welche Definition ist richtig?

| 1 | Ein analoges Signal kann eine genau definierte Anzahl von Werten innerhalb eines Wertebereichs annehmen. |
|---|---|
| 2 | Ein analoges Signal kann genau zwei Werte innerhalb eines Wertebereichs annehmen. |
| 3 | Ein digitales Signal kann eine genau definierte Anzahl von Werten innerhalb eines Wertebereichs annehmen. |
| 4 | Ein digitales Signal kann unendlich viele Werte innerhalb eines Wertebereichs annehmen. |
| 5 | Ein binäres Signal kann unendlich viele Werte innerhalb eines Wertebereichs annehmen. |

**9**

Ein Motor mit einem „guten Wirkungsgrad" ...

| 1 | hat eine hohe Bemessungsleistung im Vergleich zur zugeführten Leistung. |
|---|---|
| 2 | hat eine hohe zugeführte Leistung im Vergleich zur Bemessungsleistung. |
| 3 | hat keine Verluste. |
| 4 | hat eine hohe Bemessungsleistung. |
| 5 | hat eine hohe Verlustleistung. |

**10** Nicht abwählbar!

Sie stellen fest, dass der Antriebsmotor nicht auf die am Einsatzort vorherrschenden Umgebungsbedingungen abgestimmt ist. Die Umgebungsbedingungen verlangen einen Schutz gegen Strahlwasser aus allen Richtungen. Sie bestellen einen neuen Motor und finden folgende Information in den technischen Erläuterungen des Motorenherstellers:

*The standard degree of protection of the motors is IP 55. On request and at a surcharge higher degrees of protection such as IP 56 and IP 65 are available.*

Welche Aussage ist richtig?

| 1 | Standardmäßig ist der Motor staubdicht. |
|---|---|
| 2 | Standardmäßig ist der Motor gegen Eintauchen in Wasser geschützt. |
| 3 | Auf Anfrage sind Motoren mit Entladungsschutz verfügbar. |
| 4 | Auf Anfrage und gegen Aufpreis sind eigensichere Motoren verfügbar. |
| 5 | Standardmäßig ist der Motor gegen Strahlwasser aus allen Richtungen geschützt. |

**11** Nicht abwählbar!

Der Effektivwert einer sinusförmigen Netzwechselspannung beträgt 230 V, die Frequenz 50 Hz. Wie groß ist der Momentanwert $u(t_1)$ zum Zeitpunkt $t_1 = 14{,}2$ ms nach dem positiven Nulldurchgang?

| 1 | $u(t_1) = -630$ V |
|---|---|
| 2 | $u(t_1) = -25$ V |
| 3 | $u(t_1) = 25$ V |
| 4 | $u(t_1) = -315$ V |
| 5 | $u(t_1) = -223$ V |

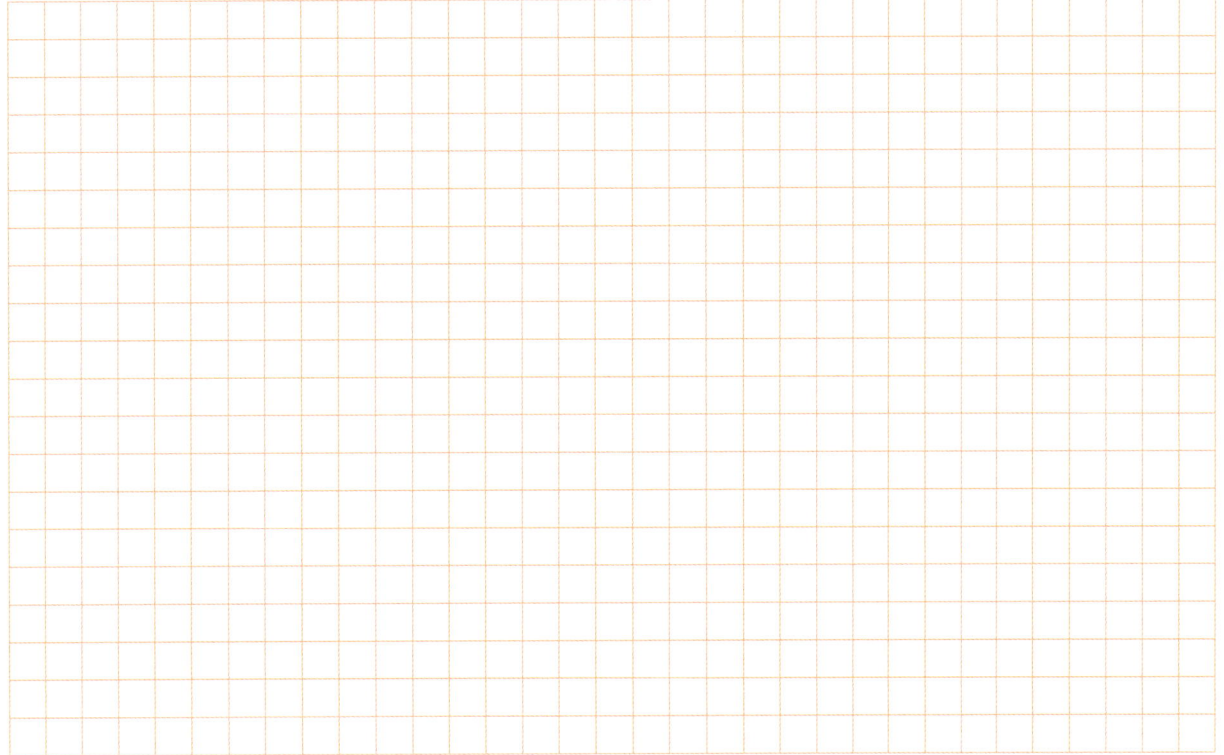

**12**

Eine Glühlampe wird einmal an 40 V Gleichspannung und einmal an eine Wechselspannung mit einem Scheitelwert von 40 V angeschlossen. Welche Aussage ist richtig?

| 1 | Eine Glühlampe für Gleichspannung darf grundsätzlich nicht an Wechselspannung gelegt werden. |
|---|---|
| 2 | Die Glühlampe leuchtet bei Anschluss an Wechselspannung nicht. |
| 3 | Die Glühlampe leuchtet bei Anschluss an die Wechselspannung heller. |
| 4 | Die Glühlampe leuchtet bei Anschluss an die Gleichspannung heller. |
| 5 | Die Glühlampe leuchtet in beiden Fällen gleich hell. |

**13** Nicht abwählbar!

Die Bahnstromversorgung hat eine Frequenz von 16,7 Hz. Wie groß ist die Periodendauer?

| 1 | $T = 0,06$ ms |
|---|---|
| 2 | $T = 60$ ms |
| 3 | $T = 6$ s |
| 4 | $T = 16,7$ s |
| 5 | $T = 16,7$ ms |

**14**

Welche physikalische Größe wird von einem „Stromzähler" gemessen?

| 1 | elektrische Arbeit |
|---|---|
| 2 | elektrischer Strom |
| 3 | elektrische Leistung |
| 4 | elektrische Spannung |
| 5 | elektrische Ladung |

**15**

Wie ändert sich der elektrische Widerstand einer Leitung, wenn sowohl die Länge als auch der Querschnitt verdoppelt werden?

| 1 | Der Widerstand sinkt auf ein Viertel des ursprünglichen Wertes. |
|---|---|
| 2 | Der Widerstand wird doppelt so groß. |
| 3 | Der Widerstand wird viermal so groß. |
| 4 | Der Widerstand sinkt auf die Hälfte des Ausgangswertes. |
| 5 | Der Widerstand bleibt gleich. |

**16**

In einer Reihenschaltung verschieden großer Widerstände gilt:

| 1 | Durch den kleinsten Widerstand fließt der größte Strom. |
|---|---|
| 2 | Durch den kleinsten Widerstand fließt der kleinste Strom. |
| 3 | An jedem Widerstand liegt die Gesamtspannung an. |
| 4 | Am kleinsten Widerstand liegt die größte Spannung an. |
| 5 | Am größten Widerstand liegt die größte Spannung an. |

**17** Nicht abwählbar!

Der Spannungsfall auf einer Leitung wird gesenkt durch ...

| 1 | das Vergrößern des Querschnitts. |
|---|---|
| 2 | eine Erhöhung der Spannung am Anfang der Leitung. |
| 3 | das Ersetzen einer Kupferleitung durch eine Aluminiumleitung gleichen Querschnitts. |
| 4 | eine größere Belastung. |
| 5 | eine längere Leitungsführung. |

**18**

Welche Bedeutung hat die Kennzeichnung B2U?

| 1 | B → Brückenschaltung, 2 → zweipulsig, U → ungesteuert |
|---|---|
| 2 | B → Brückenschaltung, 2 → zweiphasig, U → ungesteuert |
| 3 | B → Brummspannung, 2 → zweiphasig, U → ungesteuert |
| 4 | B → Brückenschaltung, 2 → zweipulsig, U → Spannung |
| 5 | B → Bemessungsleistung, 2 → zweiphasig, U → ungesteuert |

**19** Nicht abwählbar!

Welches ist *keine* Funktion eines Betriebssystems?

| 1 | Verwalten von Benutzerkonten |
|---|---|
| 2 | Speicherung von Messdaten in einer relationalen Datenbank |
| 3 | Verwalten des Zugriffs auf den Zentralspeicher |
| 4 | Organisation des Datenaustauschs mit Drucker, Tastatur, Maus und anderen Peripherie-geräten |
| 5 | Organisation der Speicherung von Dateien |

**20**

Welche Aussage zum internen Bus-System des Arbeitsplatzrechners ist richtig?

| 1 | Der Datenbus überträgt Steuerbefehle an den Prozessor. |
|---|---|
| 2 | Der Adressbus überträgt Speicheradressen für den Zugriff auf den Zentralspeicher. |
| 3 | Der Adressbus überträgt Steuerbefehle an den Zentralspeicher. |
| 4 | Der Steuerbus überträgt Speicheradressen für den Zugriff auf den Zentralspeicher. |
| 5 | Der Steuerbus überträgt Daten zwischen dem Prozessor und dem Zentralspeicher. |

**21**

Welche logische Verknüpfung wird durch die abgebildete Schaltung realisiert?

| 1 | UND-Verknüpfung |
|---|---|
| 2 | ODER-Verknüpfung |
| 3 | NICHT-Verknüpfung |
| 4 | NOR-Verknüpfung |
| 5 | NAND-Verknüpfung |

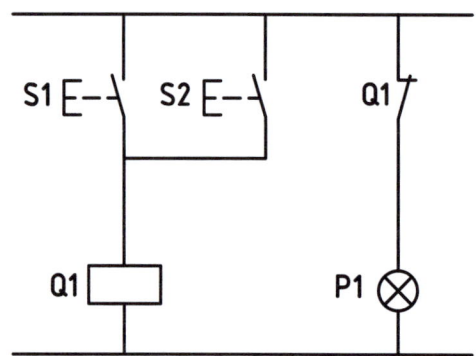

**22**

Die Dezimalzahl 43 soll durch eine Dualzahl dargestellt werden. Welche Darstellung ist richtig?

| 1 | 101011 |
|---|--------|
| 2 | 110110 |
| 3 | 100101 |
| 4 | 101111 |
| 5 | 111001 |

**23**

Welches ist *kein* Bestandteil einer Rechnung, das laut § 14 des Umsatzsteuergesetzes auf der Rechnung aufgeführt werden muss?

| 1 | Ausstellungsdatum |
|---|-------------------|
| 2 | Rechnungsnummer |
| 3 | Menge und Art der Leistungen |
| 4 | Name und Anschrift des Unternehmers |
| 5 | Name des Verkäufers |

Vor- und Familienname und Ausbildungsbetrieb

| 1 | 2 | 3 | 4 | 5 | 6 | 7 | 8 | 9 | 10 |
|---|---|---|---|---|---|---|---|---|---|
| 1 ☐ | 1 ☐ | 1 ☐ | 1 ☐ | 1 ☐ | 1 ☐ | 1 ☐ | 1 ☐ | 1 ☐ | 1 ☐ |
| 2 ☐ | 2 ☐ | 2 ☐ | 2 ☐ | 2 ☐ | 2 ☐ | 2 ☐ | 2 ☐ | 2 ☐ | 2 ☐ |
| 3 ☐ | 3 ☐ | 3 ☐ | 3 ☐ | 3 ☐ | 3 ☐ | 3 ☐ | 3 ☐ | 3 ☐ | 3 ☐ |
| 4 ☐ | 4 ☐ | 4 ☐ | 4 ☐ | 4 ☐ | 4 ☐ | 4 ☐ | 4 ☐ | 4 ☐ | 4 ☐ |
| 5 ☐ | 5 ☐ | 5 ☐ | 5 ☐ | 5 ☐ | 5 ☐ | 5 ☐ | 5 ☐ | 5 ☐ | 5 ☐ |

| 11 | 12 | 13 | 14 | 15 | 16 | 17 | 18 | 19 | 20 |
|---|---|---|---|---|---|---|---|---|---|
| 1 ☐ | 1 ☐ | 1 ☐ | 1 ☐ | 1 ☐ | 1 ☐ | 1 ☐ | 1 ☐ | 1 ☐ | 1 ☐ |
| 2 ☐ | 2 ☐ | 2 ☐ | 2 ☐ | 2 ☐ | 2 ☐ | 2 ☐ | 2 ☐ | 2 ☐ | 2 ☐ |
| 3 ☐ | 3 ☐ | 3 ☐ | 3 ☐ | 3 ☐ | 3 ☐ | 3 ☐ | 3 ☐ | 3 ☐ | 3 ☐ |
| 4 ☐ | 4 ☐ | 4 ☐ | 4 ☐ | 4 ☐ | 4 ☐ | 4 ☐ | 4 ☐ | 4 ☐ | 4 ☐ |
| 5 ☐ | 5 ☐ | 5 ☐ | 5 ☐ | 5 ☐ | 5 ☐ | 5 ☐ | 5 ☐ | 5 ☐ | 5 ☐ |

| 21 | 22 | 23 |
|---|---|---|
| 1 ☐ | 1 ☐ | 1 ☐ |
| 2 ☐ | 2 ☐ | 2 ☐ |
| 3 ☐ | 3 ☐ | 3 ☐ |
| 4 ☐ | 4 ☐ | 4 ☐ |
| 5 ☐ | 5 ☐ | 5 ☐ |

**10 Punkte je ungebundene Aufgabe**

U 1 ☐☐☐    U 2 ☐☐☐

U 3 ☐☐☐    U 4 ☐☐☐

U 5 ☐☐☐    U 6 ☐☐☐

U 7 ☐☐☐    U 8 ☐☐☐

**Divisor**

|  | | A | | Punkte A |
|---|---|---|---|---|
| Anzahl der richtig gelösten gebundenen Aufgaben (max. 20) | ☐ | : | **0,4** | = |

|  | | B | | Punkte B |
|---|---|---|---|---|
| Erreichte Punkte bei den ungebundenen Aufgaben (max. 80) | ☐ | : | **1,6** | = |

Punkte A + B

Ergebnis in Punkten (max. 100)

## Prüfungsaufgabe

Anlagenbeschreibung

Im Technologieschema ist eine Transportanlage für Zuckerrüben mit drei Förderbändern dargestellt. Nach der Bereitschaftsmeldung durch den Sensor B11 lassen sich die drei Drehstrommotoren zuschalten.

Bei Inbetriebnahme muss immer zuerst das Förderband 3, dann Förderband 2 und zuletzt Förderband 1 eingeschaltet werden. Die Stillsetzung der Förderanlage erfolgt in umgekehrter Reihenfolge.

Die Motoren werden über Taster geschaltet.

Zusätzlich zu den Schaltstellen sollen an jedem Band und am Bedienfeld ein NOT-AUS installiert werden, um im Störfall die Bänder gemeinsam abschalten zu können.

Technologieschema

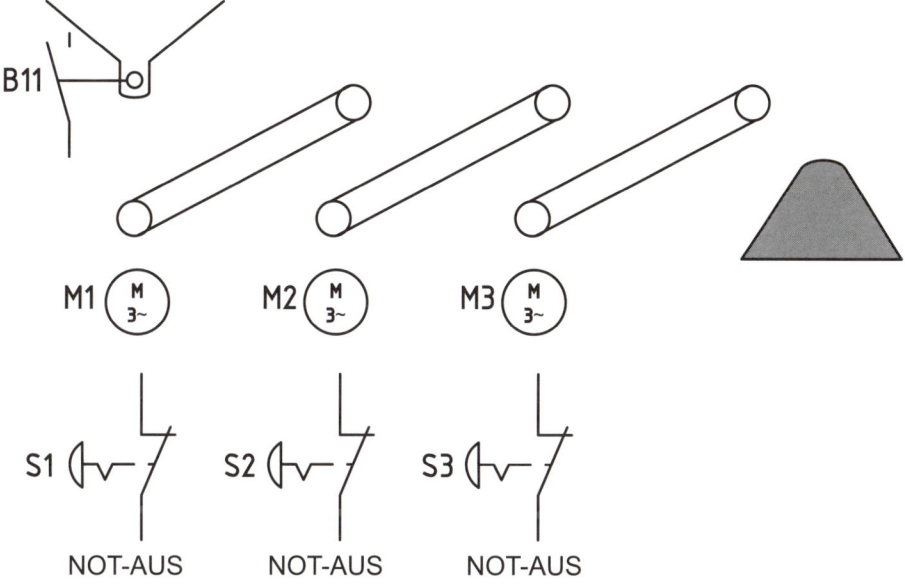

**U1**

Vervollständigen Sie die Bauteileliste. (10 Punkte)

**Bauteileliste**

| Bauteil | Funktion | Bauteil | Funktion |
|---|---|---|---|
| S1 | NOT-AUS | B11 | Bereitschaft |
| S2 | NOT-AUS | Q1 | |
| S3 | NOT-AUS | Q2 | |
| S4 | NOT-AUS (Bedienfeld) | Q3 | |
| S5 | | K1A | |
| S6 | | P1 | Melder Betrieb |
| S7 | | P2 | Melder Störung |
| S8 | | P3 | Melder Band 1 |
| S9 | | P4 | Melder Band 2 |
| S10 | | P5 | Melder Band 3 |

**U2**

Vervollständigen Sie den Stromlaufplan in aufgelöster Darstellung für die Förderanlage gemäß der Vorgaben. (10 Punkte)

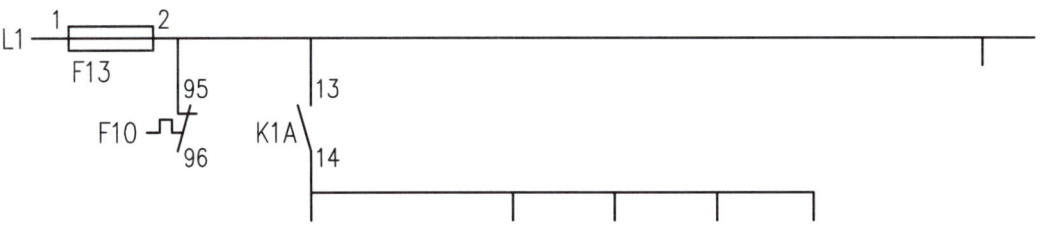

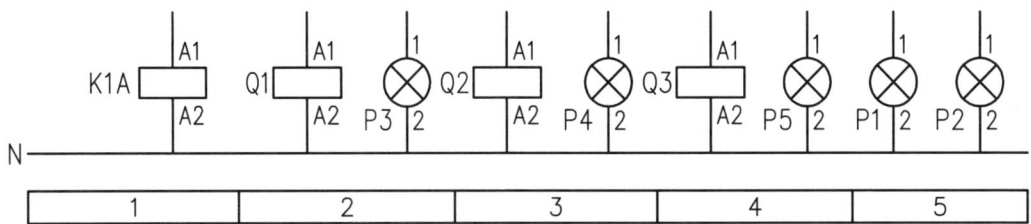

## U3

1. Nennen Sie vier Auswahlkriterien, die bei der Bemessung von Leitungen und Kabeln berücksichtigt werden müssen. (8 Punkte)

2. In welcher Vorschrift sind die Auswahlkriterien zusammengefasst? (2 Punkte)

## U4

Ein Außenleiter liegt direkt am Gehäuse eines der drei Drehstrom-Motoren. Der Fußbodenwiderstand beträgt 450 Ω. Der Übergangswiderstand am Gehäuse beträgt 150 Ω und der Widerstand der Person 3,45 kΩ. Der Leiterwiderstand wird mit 3 Ω, der Widerstand des Betriebserders mit 4 Ω angenommen. Die Betriebsspannung beträgt 400 V/230 V bei 50 Hz.

1. Skizzieren Sie das Ersatzschaltbild des Fehlerstromkreises. (4 Punkte)

2. Bestimmen Sie den Wert des Fehlerstromes. (3 Punkte)

3. Berechnen Sie die Berührungsspannung. (3 Punkte)

**U5**

1. Erläutern Sie den Unterschied zwischen einem Motorschutzrelais und einem Motorschutzschalter. (8 Punkte)

2. Wie ermittelt man die Stromstärke, die an einem Motorschutzrelais bzw. -schalter eingestellt werden muss? (2 Punkte)

## U6

Erklären Sie, welche Aufgaben die in der Schaltung gekennzeichneten Bauelemente 1, 2 und 3 übernehmen. (10 Punkte)

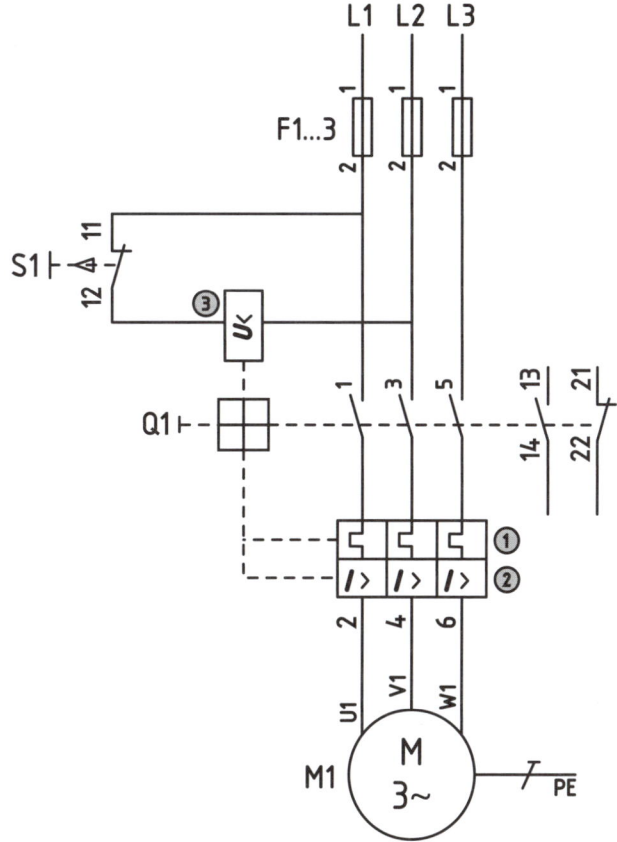

## U7

In dem abgebildeten Fehlerstromkreis fließt bei einem vollkommenen Körperschluss ein Kurzschlussstrom von 183 A.

1. Berechnen Sie die Impedanz der Fehlerschleife. (4 Punkte)

2. Die automatische Abschaltung soll nach 0,4 s erfolgen. Ermitteln Sie, ob eine Leitungssicherung gL 35 A ausreichenden Schutz bietet. (3 Punkte)

3. Ermitteln Sie, welcher Leitungsschutzschalter der Charakteristik B die Abschaltbedingung erfüllt. (3 Punkte)

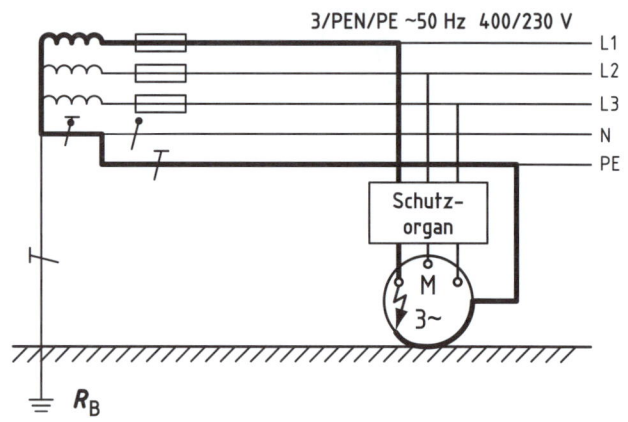

### Bemessungsströme der Überstromschutzorgane in A

Leitungsschutzschalter

| 6 | 10 | 13 | 16 | 20 | 25 | 32 |
|---|----|----|----|----|-----|----|
| 40 | 50 | 63 | 80 | 100 | 125 | – |

Schmelzsicherungen

| 6 | 10 | 16 | 20 | 25 | 35 | 40 |
|---|----|----|----|-----|-----|-----|
| 50 | 63 | 80 | 100 | 125 | 160 | 200 |
| 250 | 315 | 400 | 500 | 630 | 800 | 1000 |

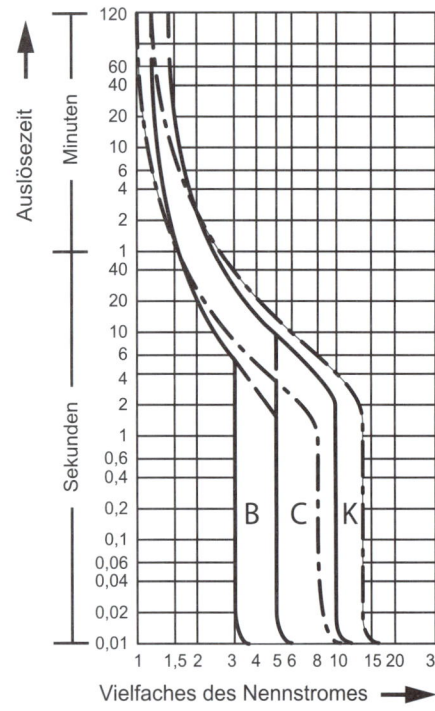

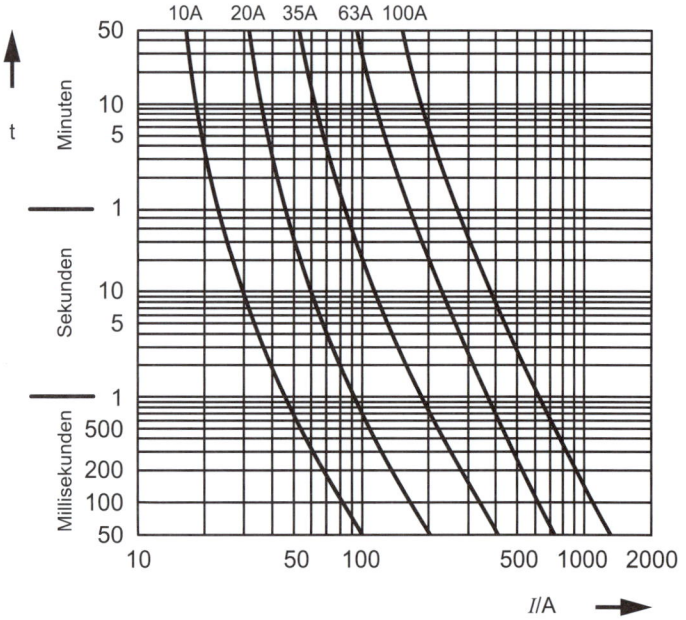

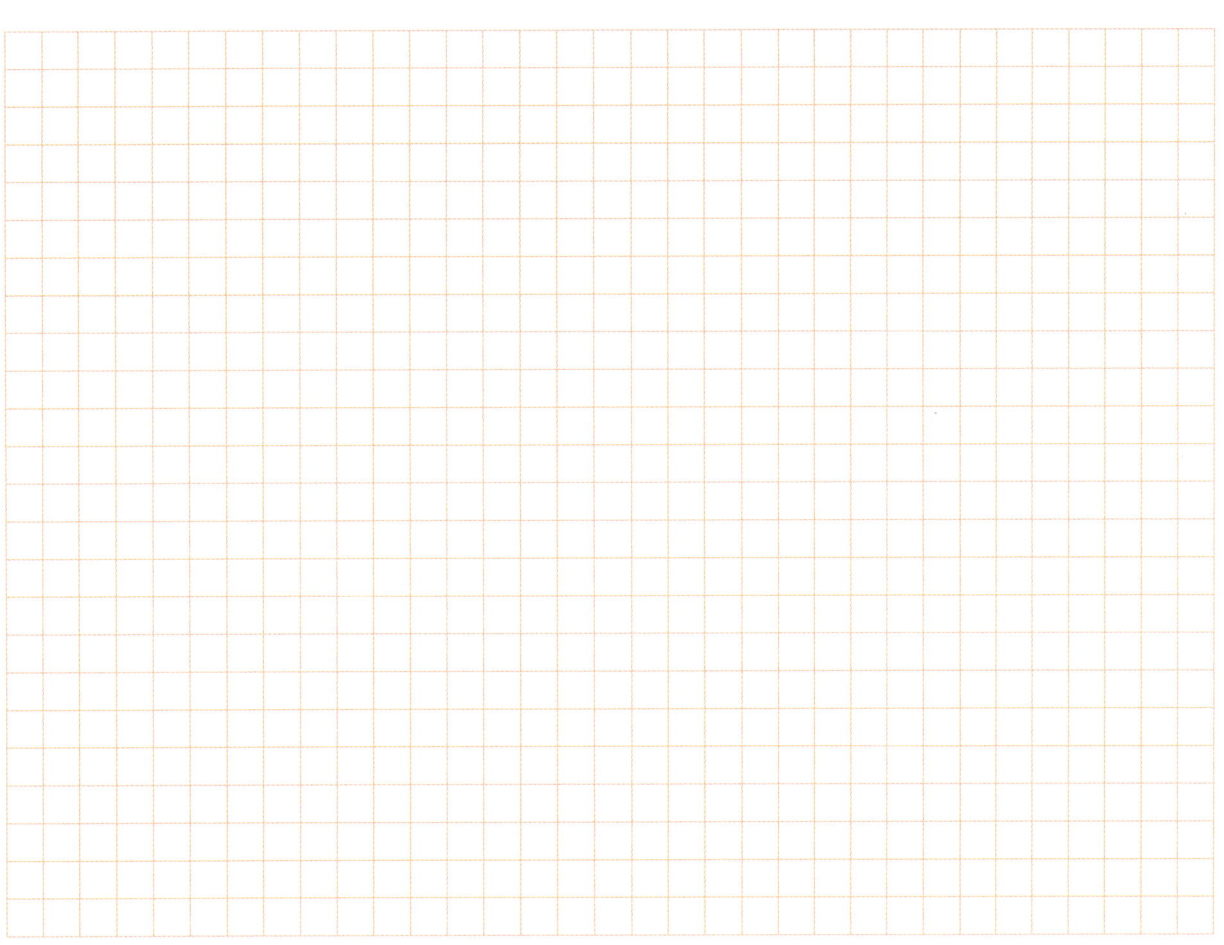

**U8**

1. Erläutern Sie den Begriff Selektivität nach DIN VDE 0660 Teil 1. (3 Punkte)
2. Welche zwei Arten von Selektivität müssen eingehalten werden? (2 Punkte)

3. Kennzeichnen Sie die Betriebsmittel. (5 Punkte)

① Leitungsschutzschalter

② Motorschutzschalter

③ Hausanschlusskasten

④ Selektiver Hauptleitungsschutzschalter

⑤ Versorgungsnetzbetreiber

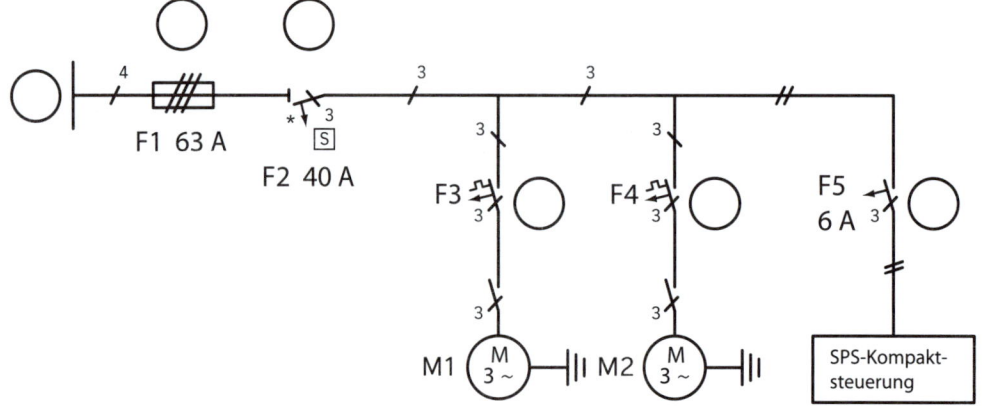

**1**

Welche Ladungsträger bewegen sich bei Stromfluss in metallischen Leitern?

| 1 | Nur Elektronen und Protonen. |
|---|---|
| 2 | Nur freie Elektronen. |
| 3 | Nur positive Elektronen. |
| 4 | Nur Ionen. |
| 5 | Nur freie Atome. |

**2**

Der Widerstand eines metallischen Leiters verringert sich auf die Hälfte, wenn ...

| 1 | die Spannung halbiert wird. |
|---|---|
| 2 | die Leiterlänge verdoppelt wird. |
| 3 | der Leiterquerschnitt verdoppelt wird. |
| 4 | die Leiterlänge auf ein Viertel gekürzt wird. |
| 5 | der Leiterquerschnitt halbiert wird. |

**3**

Wird die Spannung an einem Verbraucher verdoppelt,

| 1 | vervierfacht sich die Leistung. |
|---|---|
| 2 | vervierfacht sich die Stromstärke. |
| 3 | verdoppelt sich die Leistung. |
| 4 | verdoppelt sich der Widerstand. |
| 5 | verdoppelt sich der Leitwert. |

**4** Nicht abwählbar!

Was bedeutet der Begriff Effektivwert bei einem Wechselstrom?

| 1 | Der arithmetische Mittelwert des Wechselstromes. |
|---|---|
| 2 | Die Hälfte des maximal auftretenden Wertes. |
| 3 | Der positive Amplitudenwert. |
| 4 | Der Wert, der als Strom die gleiche Wärmewirkung hat, wie ein gleich großer Gleichstrom. |
| 5 | Der Spitzen-Spitzen-Wert des Stromes. |

**5**

Welche der Aussagen über die Kenngrößen der Wechselstromtechnik ist falsch?

| 1 | Der Effektivwert ist gleich dem Augenblickswert bei 90°. |
|---|---|
| 2 | Der Amplitudenwert ist der größte positive und negative Wert. |
| 3 | Die Frequenz gibt die Anzahl der Perioden pro Sekunde an. |
| 4 | Der Amplitudenwert ist das $\sqrt{2}$fache des Effektivwertes. |
| 5 | Die Frequenz ist der Kehrwert der Periodendauer. |

**6** Nicht abwählbar!

Wie groß ist der absolute Fehler eines Messinstrumentes mit der Güteklasse 1 höchstens, wenn im 300-V-Messbereich 200 V angezeigt werden?

| 1 | ±3 V |
|---|---|
| 2 | ±4,5 V |
| 3 | ±1,5 V |
| 4 | ±1 V |
| 5 | ±2 V |

**7**

Wird eine reale Spule an einer konstanten Wechselspannung mit steigender Frequenz betrieben, dann ...

| 1 | nimmt der Blindwiderstand ab. |
|---|---|
| 2 | steigt der Strom. |
| 3 | sinkt die Selbstinduktionsspannung. |
| 4 | steigt die Induktivität. |
| 5 | steigt der Scheinwiderstand. |

**8** Nicht abwählbar!

Ein Wirkleistungs-Verbraucher wird von Stern auf Dreieck umgeschaltet. Wie ändert sich dadurch die Leistung?

| | |
|---|---|
| 1 | Sie steigt auf den 3fachen Wert. |
| 2 | Sie steigt auf den 1,73fachen Wert. |
| 3 | Sie fällt um den 3fachen Wert. |
| 4 | Sie bleibt unverändert. |
| 5 | Sie fällt auf den 1,73fachen Wert. |

**9**

Für welche Verlegungsart ist eine Mantelleitung vom Typ NYM *nicht* zugelassen?

| | |
|---|---|
| 1 | Auf Putz in trockenen Räumen. |
| 2 | Unter Putz in Kellerräumen. |
| 3 | Im Putz in feuchten Räumen. |
| 4 | Auf Putz in feuchten Räumen. |
| 5 | Im Erdreich. |

**10** Nicht abwählbar!

Ein Leitungsschutzschalter soll einen Kurzschluss im Fehlerfall abschalten, ohne dass die Vorsicherung anspricht. Wie bezeichnet man diese Eigenschaft?

| | |
|---|---|
| 1 | Kurzschlussstrombegrenzung |
| 2 | Schnellabschaltung |
| 3 | Elektromagnetische Auslösung |
| 4 | Elektrothermische Auslösung |
| 5 | Selektivität |

**11**

Eine elektrische Anlage wird durch eine Fehlerstromschutzeinrichtung (RCD) geschützt. Welcher Fehler führt *nicht* zur Auslösung? Eine leitende Verbindung zwischen:

| | |
|---|---|
| 1 | Außenleiter und Gehäuse |
| 2 | Außenleiter und Neutralleiter |
| 3 | Aktiven Teilen und dem Körper eines Motors |
| 4 | Außenleiter und Schutzleiter |
| 5 | Stromführendem Neutralleiter und Schutzleiter |

**12**

Welche der nachfolgenden Schutzmaßnahmen ist sowohl dem Bereich *Schutz gegen direktes Berühren* als auch dem Bereich *Schutz bei indirektem Berühren* zuzuordnen?

| 1 | Schutz durch Abschaltung |
| 2 | Schutz durch Meldung |
| 3 | Schutz durch Schutztrennung |
| 4 | Schutz durch Schutzkleinspannung (SELV) |
| 5 | Schutz durch Potenzialausgleichsleiter |

**13**

Die Bestimmungen nach VDE 0100 haben Gültigkeit für …

| 1 | Verbraucheranlagen im öffentlichen Netz bis 400 V. |
| 2 | Mitglieder des Verbandes Deutscher Elektriker. |
| 3 | das Errichten von Starkstromanlagen mit Nennspannungen bis 1000 V. |
| 4 | Handwerks- und Industriebetriebe mit Versorgungen bis 680 V. |
| 5 | das Mittelspannungsnetz bis 20 kV. |

**14** Nicht abwählbar!

Welches sind die nach VDE 0100 höchstzulässigen Berührungsspannungen bei Wechsel- und Gleichspannung?

| 1 | 25 V AC und 60 V DC |
| 2 | 24 V AC und 48 V DC |
| 3 | 50 V AC und 120 V DC |
| 4 | 60 V AC und 120 V DC |
| 5 | 60 V AC und 48 V DC |

**15**

Welches Netzsystem wird wie folgt beschrieben: „Schutz- und Neutralleiter sind in einem Teil des Netzes im PEN-Leiter zusammengefasst."

| 1 | TN-C-S-Netz |
| 2 | TN-C-Netz |
| 3 | TN-Netz |
| 4 | IT-Netz |
| 5 | TT-Netz |

## 16

Welche Aussage über Merker in einer SPS sind richtig?

| | |
|---|---|
| 1 | Merker speichern nur Ausgangssignale. |
| 2 | Merker können Zwischenergebnisse von Verknüpfungen speichern. |
| 3 | Merker sind Eingänge von Zeitgliedern. |
| 4 | Merker negieren die Eingangssignale. |
| 5 | Merker speichern die Zykluszeit. |

## 17

In einem SPS-Programm steht der Rücksetzbefehl eines Ausgangs nach dem Setzbefehl. Welchen Einfluss hat diese Programmierung?

| | |
|---|---|
| 1 | Der Ausgang wird immer nach einem Programmdurchlauf (Zyklus) zurückgesetzt. |
| 2 | Der Ausgang wird vorrangig gesetzt. |
| 3 | Der Ausgang wird in „sicheren Stopp" gesetzt. |
| 4 | Der Ausgang wird erst zurückgesetzt, wenn der Befehl „PE" die SPS abschaltet. |
| 5 | Der Ausgang wird vorrangig zurückgesetzt. |

## 18

Steuerungen mit SPS sollen drahtbruchsicher aufgebaut sein. Welche Aussage zur Drahtbruchsicherheit ist richtig?

| | |
|---|---|
| 1 | Alle Befehlsgeber der Steuerung müssen als Öffner ausgeführt sein. |
| 2 | Alle Befehlsgeber der Steuerung müssen als Schließer ausgeführt werden. |
| 3 | Alle Befehlsgeber der Steuerung, die zum Ausschalten führen, müssen als Öffner ausgeführt werden. |
| 4 | Alle Befehlsgeber der Steuerung, die zum Ausschalten führen, müssen zwei parallel geschaltete Öffner haben. |
| 5 | Alle Befehlsgeber müssen als remanente Merker ausgeführt werden. |

**19**

Welche Umrechnung der Dezimalzahl 187 in eine Dual- und Hexadezimalzahl ist richtig?

| 1 | 1011.1011 | BB |
|---|-----------|----|
| 2 | 1011.1011 | AA |
| 3 | 1101.1100 | DC |
| 4 | 1101.1100 | ED |
| 5 | 1010.1010 | BB |

**20** Nicht abwählbar!

Die Anleitung beschreibt die Montage des elektrischen Anschlusses eines Betriebsmittels.

- *Switch off the mains voltage.*
- *Release the recessed head screw and remove the lid of the housing.*
- *Guide the connecting lead into the housing from below and connect in accordance with the wiring diagram.*

Welche Aussage können Sie der Anleitung entnehmen?

| 1 | Die Anschlussleitung wird von oben in das Gehäuse eingeführt. |
|---|---|
| 2 | Die Anlage wird gegen Wiedereinschalten gesichert. |
| 3 | Das Gehäuse wird geerdet. |
| 4 | Das Anschließen der Leitung erfolgt gemäß Schaltplan. |
| 5 | Der Gehäusedeckel muss für die Montage nicht entfernt werden. |

**21**

Auf einer Rechnung stehen u. a. Angaben, die nach Stamm- und Bewegungsdaten aufgeteilt werden. Welche Angaben sind Stammdaten?

| 1 | Rechnungsnummer |
|---|---|
| 2 | Rechnungsdatum |
| 3 | Anschrift des Absenders |
| 4 | Überweisungsbetrag |
| 5 | Bestellmenge |

## 22

1,5 GB entsprechen wie vielen MB?

| 1 | 1500 MB |
|---|---------|
| 2 | 0,0015 MB |
| 3 | 1536 MB |
| 4 | 1,46 MB |
| 5 | 1500000 MB |

## 23

Welche Daten sind dem *falschen* Datentyp zugeordnet?

| 1 | ISBN 3-8242-0142-9 \| Numerische Zeichen |
|---|------------------------------------------|
| 2 | Köln \| Alphabetische Zeichen |
| 3 | Frank Schumann \| Alphabetische Zeichen |
| 4 | & - / % \| Sonderzeichen |
| 5 | 493 \| Numerische Zeichen |

Vor- und Familienname und Ausbildungsbetrieb

| | 1 | 2 | 3 | 4 | 5 | 6 | 7 | 8 | 9 | 10 | | 10 Punkte je ungebundene Aufgabe |
|---|---|---|---|---|---|---|---|---|---|---|---|---|

| 1 | 2 | 3 | 4 | 5 | 6 | 7 | 8 | 9 | 10 |
|---|---|---|---|---|---|---|---|---|---|
| 1 ☐ | 1 ☐ | 1 ☐ | 1 ☐ | 1 ☐ | 1 ☐ | 1 ☐ | 1 ☐ | 1 ☐ | 1 ☐ |
| 2 ☐ | 2 ☐ | 2 ☐ | 2 ☐ | 2 ☐ | 2 ☐ | 2 ☐ | 2 ☐ | 2 ☐ | 2 ☐ |
| 3 ☐ | 3 ☐ | 3 ☐ | 3 ☐ | 3 ☐ | 3 ☐ | 3 ☐ | 3 ☐ | 3 ☐ | 3 ☐ |
| 4 ☐ | 4 ☐ | 4 ☐ | 4 ☐ | 4 ☐ | 4 ☐ | 4 ☐ | 4 ☐ | 4 ☐ | 4 ☐ |
| 5 ☐ | 5 ☐ | 5 ☐ | 5 ☐ | 5 ☐ | 5 ☐ | 5 ☐ | 5 ☐ | 5 ☐ | 5 ☐ |

**10 Punkte je ungebundene Aufgabe**

U 1 ☐☐☐    U 2 ☐☐☐

U 3 ☐☐☐    U 4 ☐☐☐

| 11 | 12 | 13 | 14 | 15 | 16 | 17 | 18 | 19 | 20 |
|---|---|---|---|---|---|---|---|---|---|
| 1 ☐ | 1 ☐ | 1 ☐ | 1 ☐ | 1 ☐ | 1 ☐ | 1 ☐ | 1 ☐ | 1 ☐ | 1 ☐ |
| 2 ☐ | 2 ☐ | 2 ☐ | 2 ☐ | 2 ☐ | 2 ☐ | 2 ☐ | 2 ☐ | 2 ☐ | 2 ☐ |
| 3 ☐ | 3 ☐ | 3 ☐ | 3 ☐ | 3 ☐ | 3 ☐ | 3 ☐ | 3 ☐ | 3 ☐ | 3 ☐ |
| 4 ☐ | 4 ☐ | 4 ☐ | 4 ☐ | 4 ☐ | 4 ☐ | 4 ☐ | 4 ☐ | 4 ☐ | 4 ☐ |
| 5 ☐ | 5 ☐ | 5 ☐ | 5 ☐ | 5 ☐ | 5 ☐ | 5 ☐ | 5 ☐ | 5 ☐ | 5 ☐ |

U 5 ☐☐☐    U 6 ☐☐☐

U 7 ☐☐☐    U 8 ☐☐☐

| 21 | 22 | 23 |
|---|---|---|
| 1 ☐ | 1 ☐ | 1 ☐ |
| 2 ☐ | 2 ☐ | 2 ☐ |
| 3 ☐ | 3 ☐ | 3 ☐ |
| 4 ☐ | 4 ☐ | 4 ☐ |
| 5 ☐ | 5 ☐ | 5 ☐ |

**Divisor**

| | | A | | Punkte A |
|---|---|---|---|---|
| Anzahl der richtig gelösten gebundenen Aufgaben (max. 20) | ☐ | : | **0,4** = | ☐ |
| | | B | | Punkte B |
| Erreichte Punkte bei den ungebundenen Aufgaben (max. 80) | ☐ | : | **1,6** = | ☐ |
| | | | | Punkte A + B |
| Ergebnis in Punkten (max. 100) | | | | ☐ |

# Bildquellenverzeichnis

|Asmuth, Markus, Edingen-Neckarhausen: 6.1. |BC GmbH Verlags- und Medien-, Forschungs- und Beratungsgesellschaft, Ingelheim: 37.1, 60.1, 60.2, 60.3, 60.4, 60.5. |Di Gaspare, Michele (Bild und Technik Agentur für technische Grafik und Visualisierung), Bergheim: 9.1, 12.1, 18.1, 18.2, 29.1, 32.1, 34.1, 38.1, 38.2, 39.1, 41.1, 98.1, 98.2. |Eaton Industries GmbH, Bonn: 19.2. |Lithos, Wolfenbüttel: 7.1, 7.2, 7.3, 104.1. |stock.adobe.com, Dublin: michaeljung Titel.

# Inhaltsverzeichnis

**U1**

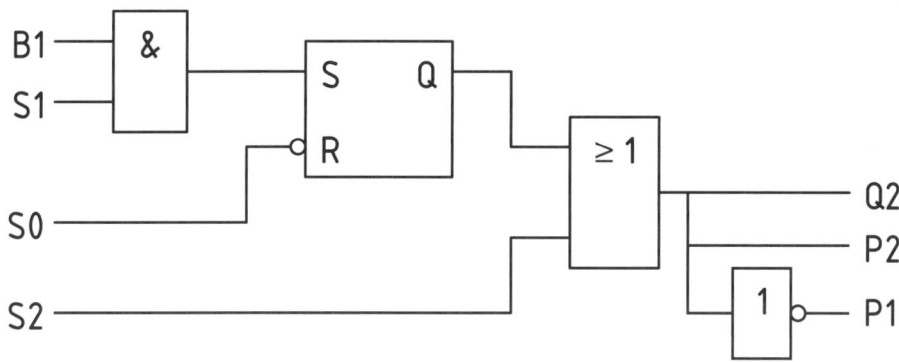

**U2**

Der TEST-Taster S2 arbeitet in Tippbetrieb. Die Selbsthaltung bei Betätigung von S2 wird durch die Verriegelung verhindert.

**U3**

$$P_{auf} = \frac{P_{ab}}{\eta} = \frac{5{,}5 \text{ kW}}{0{,}858} = 6{,}4 \text{ kW}$$

$$P_{auf} = \sqrt{3} \cdot U \cdot I \cdot \cos \varphi$$

$$\Rightarrow I = \frac{P_{auf}}{\sqrt{3} \cdot U \cdot \cos \varphi}$$

$$= \frac{6{,}4 \text{ kW}}{\sqrt{3} \cdot 400 \text{ V} \cdot 0{,}81}$$

$$= 11{,}4 \text{ A}$$

## U4

Das Gehäuse des Motors, welches betriebsmäßig keine Spannung führt, liegt durch einen Isolationsfehler an Spannung.

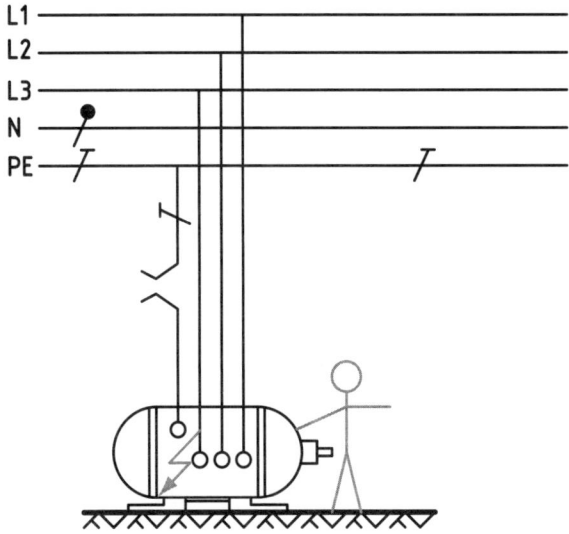

## U5

1. Die NH-Sicherung löst nicht aus. Die Sicherung mit einem Bemessungsstrom von 25 A würde bei einem Strom von 58 A erst nach ca. 30 s auslösen.

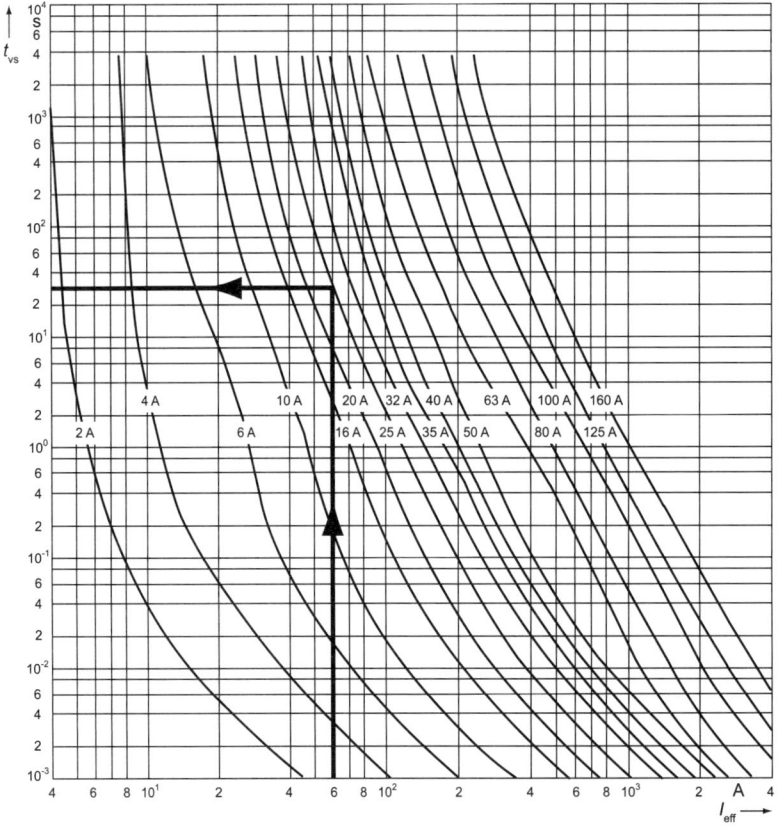

2. – Sicherheitsgriff mit Unterarmstulpe
  – schwerentflammbare Arbeitskleidung
  – Gesichtsschutzschirm
  – ausgelegte Gummimatte

## U6

1. Sicherungslasttrennschalter:  Leitungsschutz, Kurzschlussschutz
   Motorschutzrelais:  Schutz bei Überlast

2. – Überlast
  – Blockierter Läufer
  – Windungsschluss
  – Unterspannung
  – Ausfall eines Leiters

## U7

1.

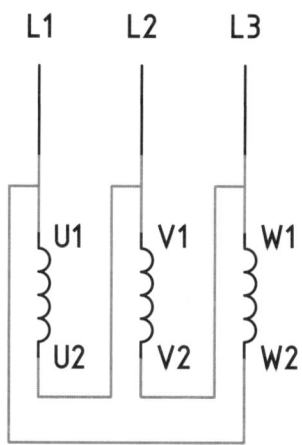

2.

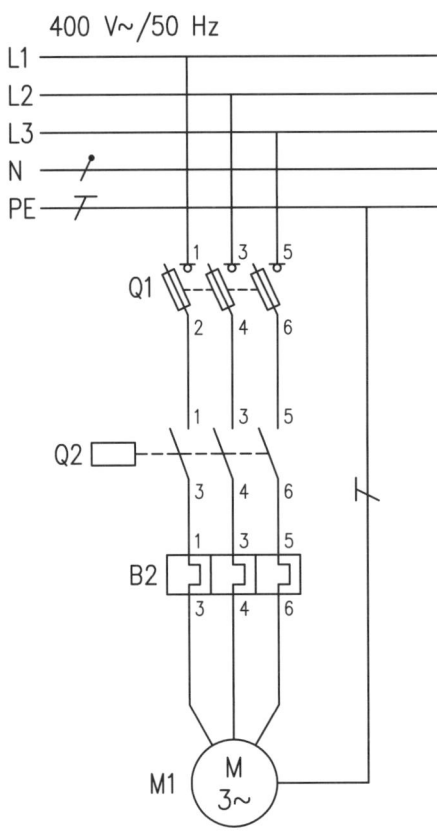

## U8

Das Bedienelement sollte

– leicht erreichbar sein,
– an jedem Bedienstand vorhanden sein,
– selbsttätig verrastend sein,
– zwangsöffnende Kontakte haben,
– eine Ausführung als drucktastende Schalter (Pilz- oder Palmenform) oder Reißleinenschalter haben (ggf. auch Trittleisten oder Fußschalter)
– und rote Bedienteile mit gelbem Hintergrund haben.

## Markierungsbogen

| | 1 | 2 | 3 | 4 | 5 | 6 | 7 | 8 | 9 | 10 |
|---|---|---|---|---|---|---|---|---|---|---|
| 1 | ☐ | ☐ | ☐ | X | ☐ | ☐ | ☐ | ☐ | ☐ | ☐ |
| 2 | X | X | ☐ | ☐ | X | ☐ | ☐ | ☐ | ☐ | X |
| 3 | ☐ | ☐ | X | ☐ | ☐ | ☐ | X | X | ☐ | ☐ |
| 4 | ☐ | ☐ | ☐ | ☐ | ☐ | ☐ | ☐ | ☐ | X | ☐ |
| 5 | ☐ | ☐ | ☐ | ☐ | ☐ | X | ☐ | ☐ | ☐ | ☐ |

| | 11 | 12 | 13 | 14 | 15 | 16 | 17 | 18 | 19 | 20 |
|---|---|---|---|---|---|---|---|---|---|---|
| 1 | ☐ | ☐ | ☐ | X | ☐ | ☐ | ☐ | ☐ | ☐ | ☐ |
| 2 | ☐ | ☐ | ☐ | ☐ | X | ☐ | ☐ | ☐ | ☐ | ☐ |
| 3 | X | ☐ | ☐ | ☐ | ☐ | X | X | X | ☐ | ☐ |
| 4 | ☐ | X | ☐ | ☐ | ☐ | ☐ | ☐ | ☐ | X | X |
| 5 | ☐ | ☐ | X | ☐ | ☐ | ☐ | ☐ | ☐ | ☐ | ☐ |

| | 21 | 22 | 23 |
|---|---|---|---|
| 1 | ☐ | ☐ | ☐ |
| 2 | ☐ | ☐ | ☐ |
| 3 | ☐ | X | ☐ |
| 4 | X | ☐ | ☐ |
| 5 | ☐ | ☐ | X |

**U1**

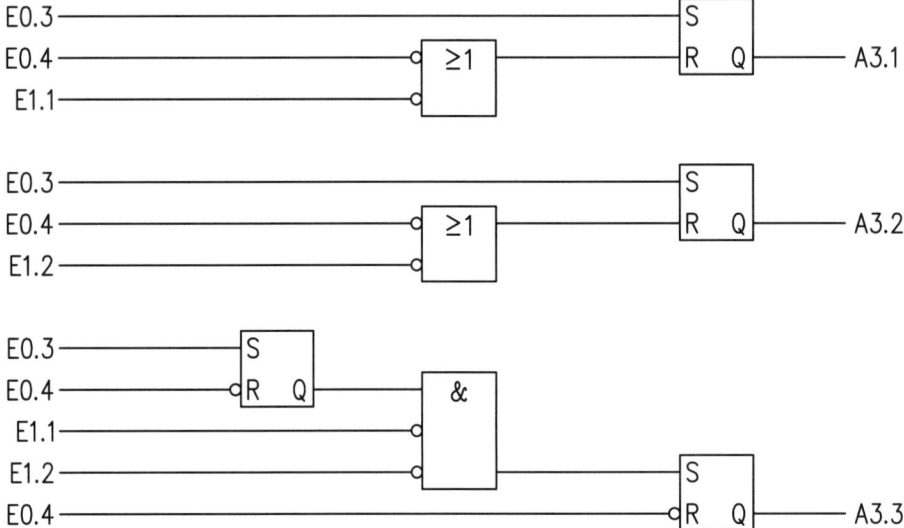

**U2**

1. kapazitive Sensoren, optische Sensoren, Ultraschall-Sensoren
2. Die Ausgangssignale der Sensoren sind binär.
3. Vorteile eines Näherungsschalters:
   – Lebensdauer
   – Zuverlässigkeit
   – Wartbarkeit
   – kein mechanischer Verschleiß

**U3**

1.

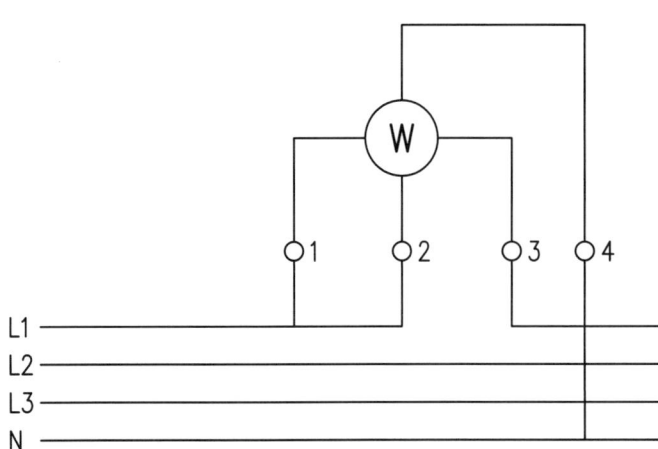

2. $P_{ges} = 3 \cdot P_1$

## U4

Bereich 4:
Kammerflimmern ist möglich.

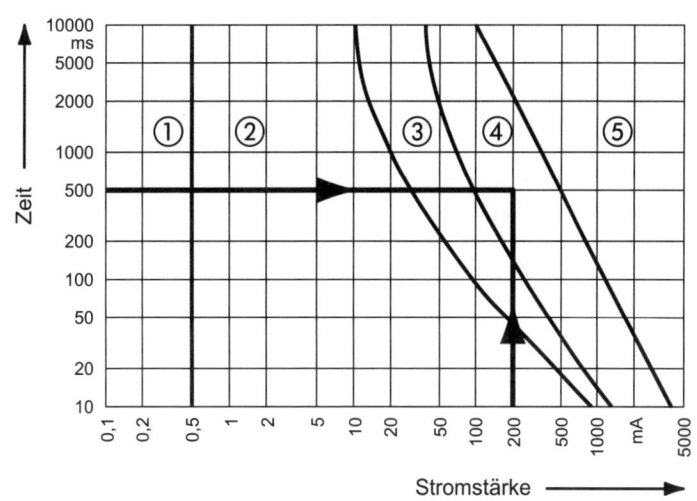

Bereich ①: Gewöhnlich keine Reaktion
Bereich ②: Gewöhnlich keine physiologisch gefährliche Wirkung
Bereich ③: Gewöhnlich keine Gefahr von Kammerflimmern
Bereich ④: Kammerflimmern möglich (bis 50 % Wahrscheinlichkeit)
Bereich ⑤: Gefahr von Kammerflimmern (über 50 % Wahrscheinlichkeit)

## U5

$$P_{zu} = \sqrt{3} \cdot U \cdot I \cdot \cos \varphi$$

$$I = \frac{P_{zu}}{\sqrt{3} \cdot U \cdot I \cdot \cos \varphi}$$

$$\Delta U = \frac{\sqrt{3} \cdot l \cdot I \cdot \cos \varphi}{\kappa \cdot q}$$

$$I = \frac{5,0 \text{ kW}}{\sqrt{3} \cdot 400 \text{ V} \cdot 0,9}$$

$$\Delta U = \frac{\sqrt{3} \cdot 31 \text{ m} \cdot 8,0 \text{ A} \cdot 0,9}{56 \frac{\text{m}}{\Omega \text{ mm}^2} \cdot 1,5 \text{ mm}^2}$$

$$I = 8,0 \text{ A}$$

$$\Delta U = 4,6 \text{ V}$$

## U6

$$U_2 = U \cdot \frac{R_2}{R_1 + R_2} = 12 \text{ V} \cdot \frac{80 \ \Omega}{120 \ \Omega + 80 \ \Omega} = 4,8 \text{ V}$$

$$U_4 = U \cdot \frac{R_4}{R_3 + R_4} = 12 \text{ V} \cdot \frac{50 \ \Omega}{90 \ \Omega + 50 \ \Omega} = 4,29 \text{ V}$$

$$U_{AB} = U_2 - U_4 = 4,8 \text{ V} - 4,29 \text{ V} = 0,51 \text{ V}$$

**U7**

1. **Körperschluss** ist eine leitende Verbindung zwischen Körper und aktiven Teilen der Betriebsmittel, die durch einen Isolationsfehler entstanden sind.

   **Kurzschluss** ist eine leitende Verbindung zwischen betriebsmäßig gegeneinander unter Spannung stehenden Leitern. Im Fehlerstromkreis befindet sich kein Nutzwiderstand.

   **Leiterschluss** ist eine fehlerhafte Verbindung zwischen Leitern, wenn im Fehlerstromkreis ein Nutzwiderstand oder ein Teil des Nutzwiderstandes liegt.

   **Erdschluss** entsteht bei der Verbindung eines Außenleiters oder eines betriebsmäßig isolierten Neutralleiters mit der Erde oder mit geerdeten Teilen.

2.

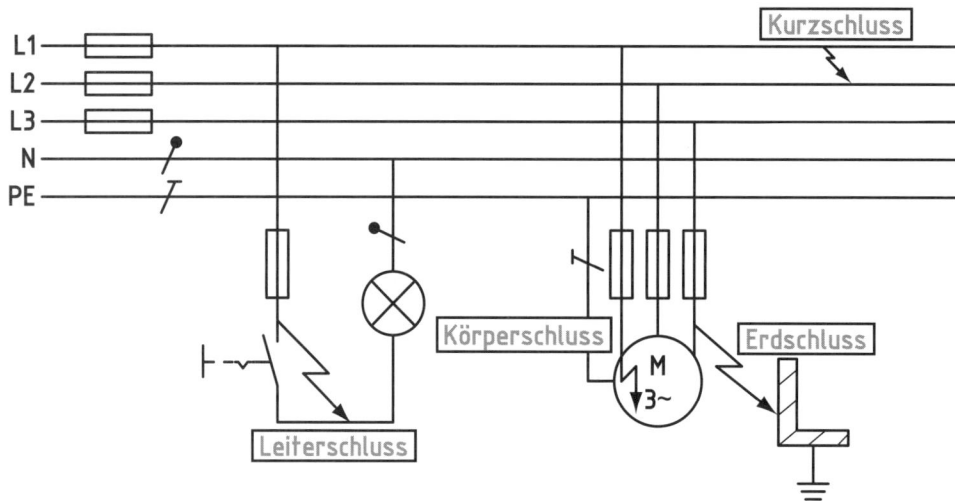

**U8**

1. Zur Besichtigung gehört u. a. die Überprüfung folgender Punkte:
   - Dimensionierung der Schutzorgane
   - Querschnitt der Leiter
   - Verlegung und Anschluss der Leitungen
   - Beschädigungen an Betriebsmitteln
   - Kennzeichnung der Leitungen im Verteiler

2. Messungen:
   - Schleifenwiderstand
   - Isolationswiderstand
   - Erdungswiderstand
   - Durchgängigkeit von Schutz- und Potenzialausgleichsleiter
   - RCD-Messungen

3. Erproben:
   - Funktionsprüfung der Schutzeinrichtungen
   - Funktionsprüfung der Anlage
   - Funktionskontrolle der Meldeeinrichtungen
   - Funktionsprüfung der NOT-AUS-Einrichtung

## Markierungsbogen

| | 1 | 2 | 3 | 4 | **5** | 6 | **7** | 8 | 9 | 10 |
|---|---|---|---|---|---|---|---|---|---|---|
| 1 | ☐ | ☐ | ☐ | ☐ | ☐ | X | ☐ | X | X | ☐ |
| 2 | ☐ | ☐ | ☐ | ☐ | X | ☐ | ☐ | ☐ | ☐ | ☐ |
| 3 | X | ☐ | ☐ | ☐ | ☐ | ☐ | ☐ | ☐ | ☐ | ☐ |
| 4 | ☐ | ☐ | X | X | ☐ | ☐ | ☐ | ☐ | ☐ | X |
| 5 | ☐ | X | ☐ | ☐ | ☐ | ☐ | X | ☐ | ☐ | ☐ |

| | 11 | 12 | **13** | 14 | **15** | 16 | 17 | 18 | **19** | 20 |
|---|---|---|---|---|---|---|---|---|---|---|
| 1 | ☐ | ☐ | ☐ | ☐ | ☐ | ☐ | ☐ | ☐ | ☐ | ☐ |
| 2 | ☐ | ☐ | ☐ | ☐ | ☐ | ☐ | X | X | ☐ | ☐ |
| 3 | X | X | ☐ | ☐ | ☐ | ☐ | ☐ | ☐ | ☐ | ☐ |
| 4 | ☐ | ☐ | X | X | X | X | ☐ | ☐ | ☐ | ☐ |
| 5 | ☐ | ☐ | ☐ | ☐ | ☐ | ☐ | ☐ | ☐ | X | X |

| | 21 | 22 | **23** |
|---|---|---|---|
| 1 | X | ☐ | ☐ |
| 2 | ☐ | X | X |
| 3 | ☐ | ☐ | ☐ |
| 4 | ☐ | ☐ | ☐ |
| 5 | ☐ | ☐ | ☐ |

**U1**

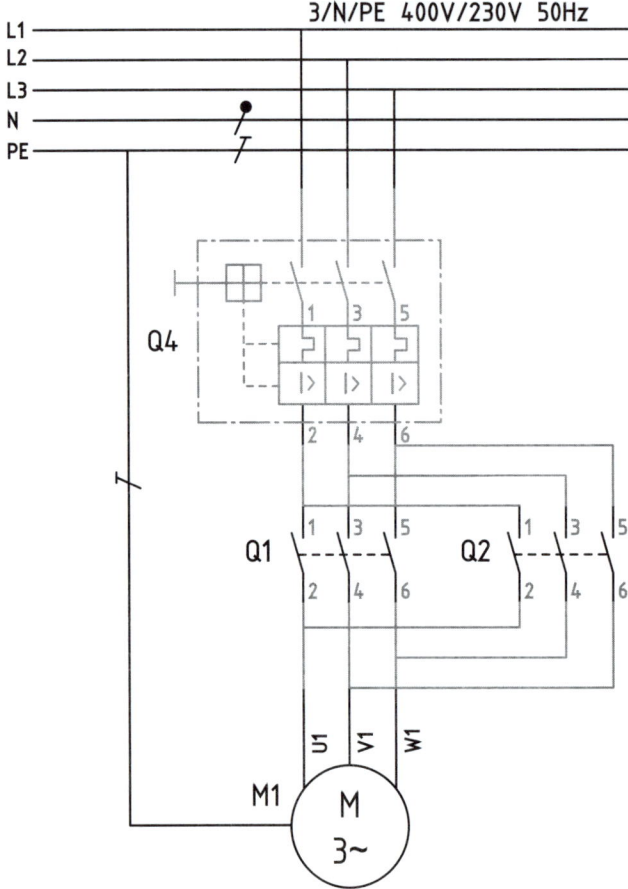

**U2**

1.

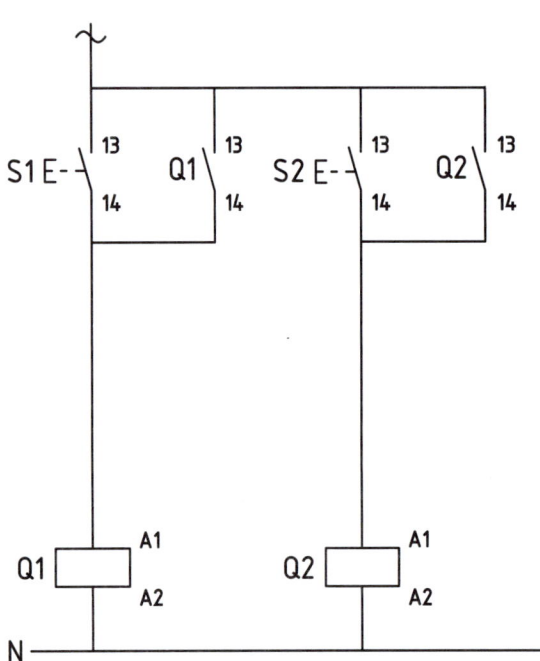

Durch die Betätigung des Tasters S1 würde das Schütz Q1 nur ganz kurz anziehen. Erst durch die Selbsthaltung, realisiert durch den Schließer von Q1 parallel zu S1, wird die Anweisung zum Öffnen des Tores gespeichert.

2. Q1 und Q2 müssen gegeneinander verriegelt werden, damit niemals beide Schütze gleichzeitig anziehen können. Die Verriegelung ist eine schaltungstechnische Maßnahme, die verhindert, dass gegensinnige Befehle gleichzeitig ausgegeben werden können.

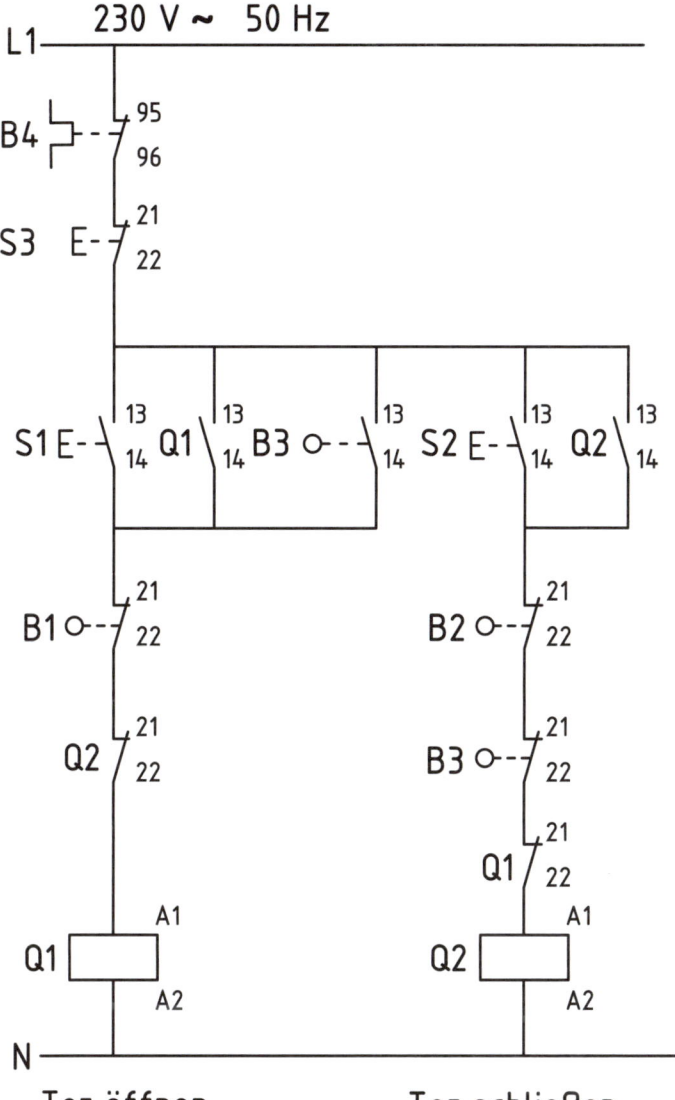

## U4

1. $P_{zu} = \dfrac{P_{ab}}{\eta}$

$\phantom{P_{zu}} = \dfrac{800\ \text{W}}{0{,}89}$

$\phantom{P_{zu}} = 899\ \text{W}$

2.

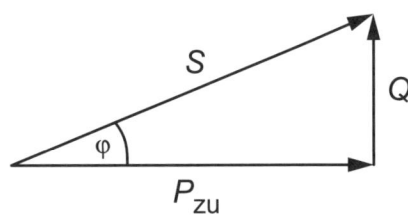

$\tan \varphi = \dfrac{Q}{P_{zu}}$

$Q = P_{zu} \cdot \tan \varphi$

$\cos \varphi = 0{,}88$

$\varphi = 28{,}36°$

$Q = 899\ \text{W} \cdot \tan 28{,}36°$

$\phantom{Q} = 485\ \text{var}$

## U5

$\Delta U = 400\ \text{V} \cdot 0{,}03$ $\qquad$ 3 % laut VDE 18015   Teil 1   nach Zähler

$\phantom{\Delta U} = 12\ \text{V}$ (maximal zulässig!)

$\Delta U = \dfrac{\sqrt{3} \cdot l \cdot I \cdot \cos \varphi}{\gamma \cdot A}$

$A \phantom{U} = \dfrac{\sqrt{3} \cdot l \cdot I \cdot \cos \varphi}{\gamma \cdot \Delta U}$

$P_{zu} = \sqrt{3} \cdot U \cdot I \cdot \cos \varphi$

$I \phantom{P} = \dfrac{P_{zu}}{\sqrt{3} \cdot U \cdot \cos \varphi}$

$\phantom{I} = \dfrac{899\ \text{W}}{\sqrt{3} \cdot 400\ \text{V} \cdot 0{,}88}$

$\phantom{I} = 1{,}47\ \text{A}$

$A \phantom{U} = \dfrac{\sqrt{3} \cdot 132\ \text{m} \cdot 1{,}47\ \text{A} \cdot 0{,}88}{56\ \text{m}/\Omega\ \text{mm}^2 \cdot 12\ \text{V}}$

$\phantom{A} = 0{,}44\ \text{mm}^2 < 1{,}5\ \text{mm}^2$

$\Rightarrow$ Benutzung von NYM 5 x 1,5 mm² ist zulässig!

## U6

1. – Der Schutzleiter muss durchgehend grün-gelb gekennzeichnet sein.
   – Der Schutzleiter muss einen normgerechten Querschnitt haben.
   – Der Schutzleiter muss sorgfältig mit den Klemmen verbunden werden.
   – Die Klemmstellen müssen gut zugänglich sein.
   – Die Klemmstelle muss gegen Umwelteinflüsse geschützt sein.
   – Der Schutzleiter darf nicht geschaltet werden.
   – Der Schutzleiter sollte die längste Anschlussader sein.

2. Das Schaltschloss mit Freiauslösung verhindert das Wiedereinschalten, solange die Ursache für das Abschalten nicht beseitigt ist.

## U7

1. Im Fehlerfall soll nur der gestörte Stromkreis, hier also der Motorstromkreis, abgeschaltet werden. Die Überstromschutzeinrichtung übergeordneter Stromkreise soll nicht auslösen.

2. Die Ausschaltzeit der Überstromschutzeinrichtung muss kleiner sein als die der vorgeschalteten Sicherung. In der Praxis wird dies dadurch realisiert, dass sich die Nennwerte hintereinander angeordneter Überstromschutzeinrichtung um den Faktor 1,6 unterscheiden.

3. Die magnetische Auslösung von Schutzschaltern ist nahezu verzögerungsfrei. Selektivität ausschließlich mit Schutzschaltern zu verwirklichen ist deshalb nur schwer erreichbar.

## U8

   1 782,30 EUR  (Nettobetrag)
+    338,64 EUR  (MwSt.-Betrag)
   2 120,94 EUR  (Bruttobetrag)

Bruttobetrag % Skonto:   $2\,120,94 \text{ EUR} \cdot 0,98 =$
                         $2\,078,52 \text{ EUR}$

Der Zahlungseingang beträgt 2 078,52 EUR.

## Markierungsbogen

| | 1 | 2 | 3 | 4 | 5 | 6 | 7 | 8 | 9 | 10 |
|---|---|---|---|---|---|---|---|---|---|---|
| 1 | ☐ | ☐ | ☐ | ☐ | ☐ | ☐ | ☐ | ☐ | ☐ | ☐ |
| 2 | ☒ | ☐ | ☒ | ☐ | ☒ | ☐ | ☐ | ☐ | ☒ | ☐ |
| 3 | ☐ | ☐ | ☐ | ☐ | ☐ | ☐ | ☐ | ☐ | ☐ | ☒ |
| 4 | ☐ | ☒ | ☐ | ☐ | ☐ | ☒ | ☒ | ☒ | ☐ | ☐ |
| 5 | ☐ | ☐ | ☐ | ☒ | ☐ | ☐ | ☐ | ☐ | ☐ | ☐ |

| | 11 | 12 | 13 | 14 | 15 | 16 | 17 | 18 | 19 | 20 |
|---|---|---|---|---|---|---|---|---|---|---|
| 1 | ☐ | ☐ | ☐ | ☒ | ☒ | ☐ | ☐ | ☐ | ☐ | ☐ |
| 2 | ☐ | ☐ | ☐ | ☐ | ☐ | ☒ | ☐ | ☐ | ☒ | ☐ |
| 3 | ☒ | ☐ | ☐ | ☐ | ☐ | ☐ | ☐ | ☒ | ☐ | ☐ |
| 4 | ☐ | ☐ | ☒ | ☐ | ☐ | ☐ | ☒ | ☐ | ☐ | ☒ |
| 5 | ☐ | ☒ | ☐ | ☐ | ☐ | ☐ | ☐ | ☐ | ☐ | ☐ |

| | 21 | 22 | 23 |
|---|---|---|---|
| 1 | ☐ | ☐ | ☐ |
| 2 | ☐ | ☒ | ☐ |
| 3 | ☒ | ☐ | ☐ |
| 4 | ☐ | ☐ | ☒ |
| 5 | ☐ | ☐ | ☐ |

## U1

| Segment | KV-Diagramm | Segment | KV-Diagramm |
|---|---|---|---|
| b | 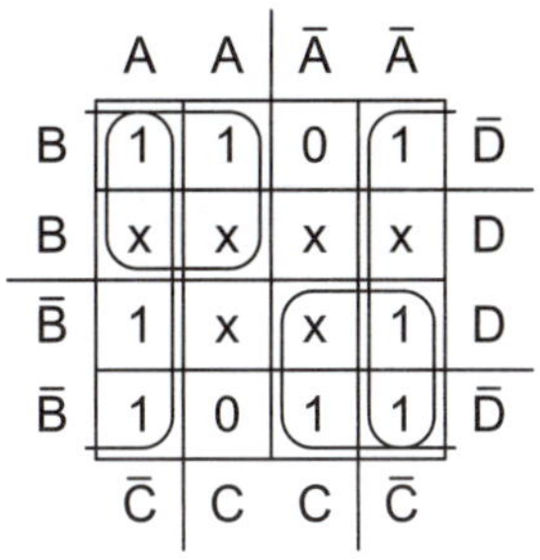 (see diagram below) | a | 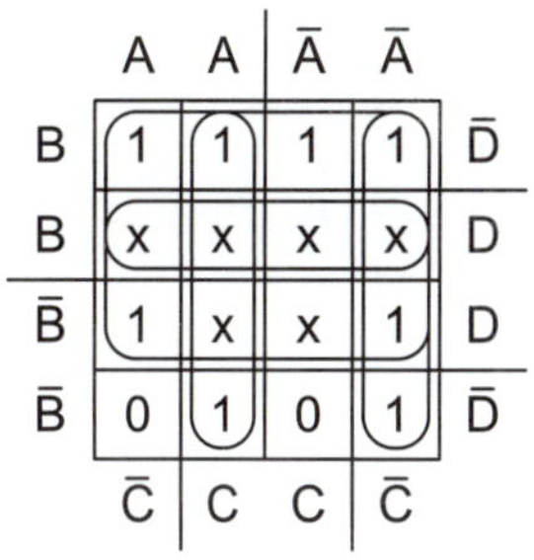 (see diagram below) |
| e | 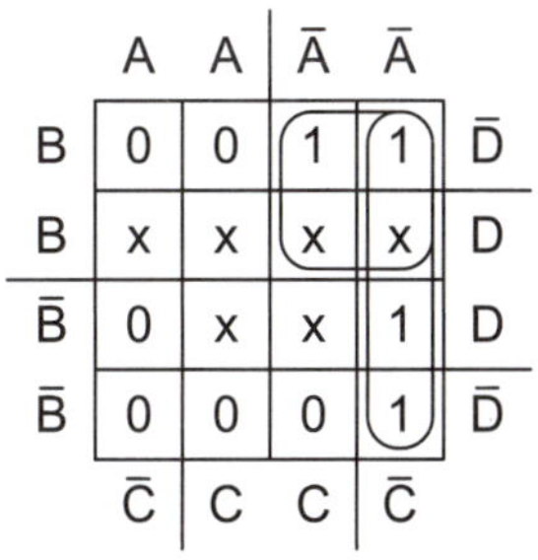 (see diagram below) | f | 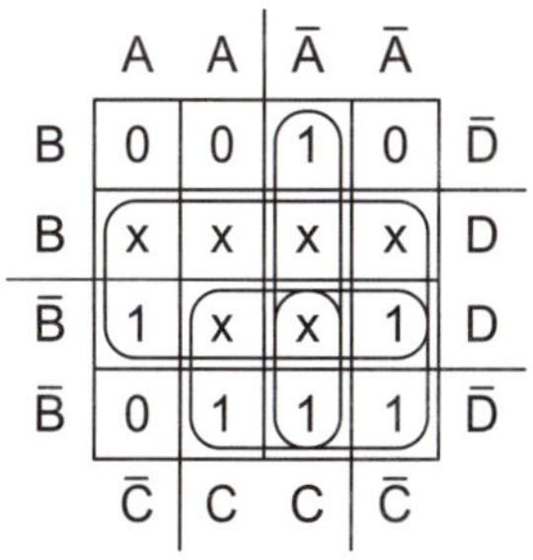 (see diagram below) |
| g | 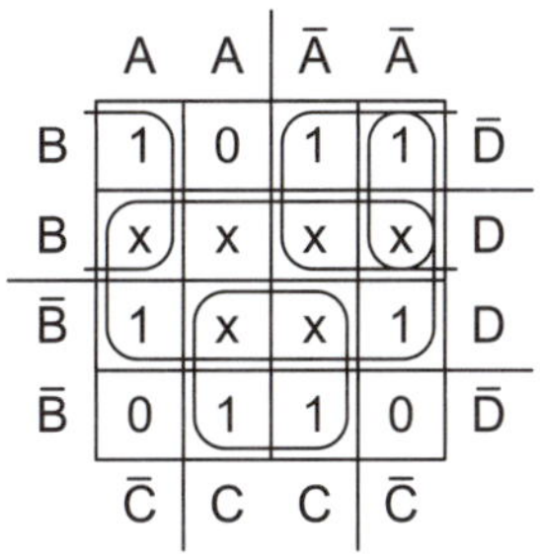 (see diagram below) | d | 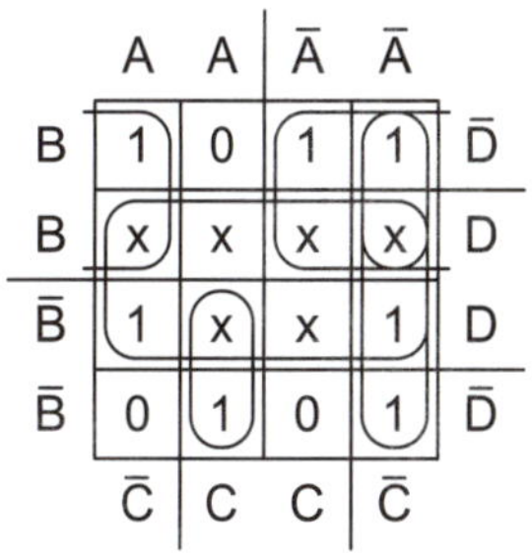 (see diagram below) |
| c | (see diagram below) | | |

**b:**

|   | A | A | Ā | Ā |   |
|---|---|---|---|---|---|
| B | 1 | 1 | 0 | 1 | D̄ |
| B | x | x | x | x | D |
| B̄ | 1 | x | x | 1 | D |
| B̄ | 1 | 0 | 1 | 1 | D̄ |
|   | C̄ | C | C | C̄ |   |

**a:**

|   | A | A | Ā | Ā |   |
|---|---|---|---|---|---|
| B | 1 | 1 | 1 | 1 | D̄ |
| B | x | x | x | x | D |
| B̄ | 1 | x | x | 1 | D |
| B̄ | 0 | 1 | 0 | 1 | D̄ |
|   | C̄ | C | C | C̄ |   |

**e:**

|   | A | A | Ā | Ā |   |
|---|---|---|---|---|---|
| B | 0 | 0 | 1 | 1 | D̄ |
| B | x | x | x | x | D |
| B̄ | 0 | x | x | 1 | D |
| B̄ | 0 | 0 | 0 | 1 | D̄ |
|   | C̄ | C | C | C̄ |   |

**f:**

|   | A | A | Ā | Ā |   |
|---|---|---|---|---|---|
| B | 0 | 0 | 1 | 0 | D̄ |
| B | x | x | x | x | D |
| B̄ | 1 | x | x | 1 | D |
| B̄ | 0 | 1 | 1 | 1 | D̄ |
|   | C̄ | C | C | C̄ |   |

**g:**

|   | A | A | Ā | Ā |   |
|---|---|---|---|---|---|
| B | 1 | 0 | 1 | 1 | D̄ |
| B | x | x | x | x | D |
| B̄ | 1 | x | x | 1 | D |
| B̄ | 0 | 1 | 1 | 0 | D̄ |
|   | C̄ | C | C | C̄ |   |

**d:**

|   | A | A | Ā | Ā |   |
|---|---|---|---|---|---|
| B | 1 | 0 | 1 | 1 | D̄ |
| B | x | x | x | x | D |
| B̄ | 1 | x | x | 1 | D |
| B̄ | 0 | 1 | 0 | 1 | D̄ |
|   | C̄ | C | C | C̄ |   |

**c:**

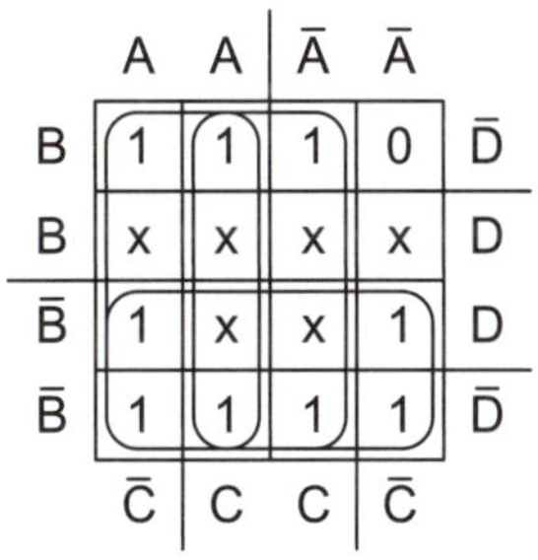

|   | A | A | Ā | Ā |   |
|---|---|---|---|---|---|
| B | 1 | 1 | 1 | 0 | D̄ |
| B | x | x | x | x | D |
| B̄ | 1 | x | x | 1 | D |
| B̄ | 1 | 1 | 1 | 1 | D̄ |
|   | C̄ | C | C | C̄ |   |

## U2

1. $a = B \lor D \lor (A \land C) \lor (\bar{A} \land \bar{C})$

2.

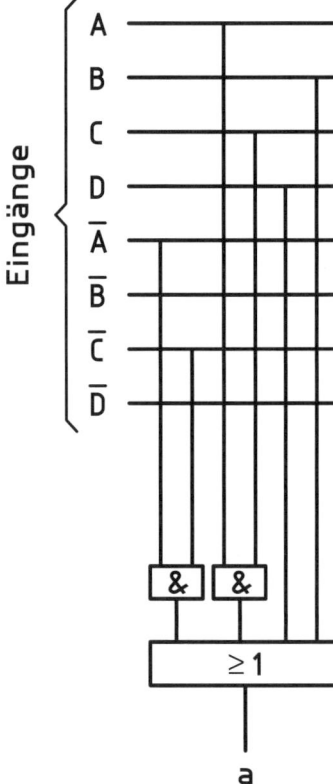

## U3

1. Im Normalbetrieb versorgt der Gleichrichter den Wechselrichter mit elektrischer Energie. Die Batterie wird gleichzeitig vom Gleichrichter geladen.

2. Im Falle einer Störung des Versorgungsnetzes versorgt die Batterie automatisch den Wechselrichter mit elektrischer Energie. Die Last wird ohne Unterbrechung weiter versorgt. Die Batterie kann die Last nur für eine vorbestimmte Zeit mit elektrischer Energie versorgen.

## U4

1. $U_0 = \dfrac{U}{n} = \dfrac{432\,\text{V}}{192} = 2,25\,\text{V}$

2. $R_{i,\,ges} = \dfrac{U_2 - U_1}{I_2 - I_1} = \dfrac{432\,\text{V} - 400\,\text{V}}{15\,\text{A} - 0\,\text{A}} = 2,13\,\Omega$

3. $R_i = \dfrac{R_{i,\,ges}}{n} = \dfrac{2,13\,\Omega}{192} = 11,1\,\text{m}\,\Omega$

## U5

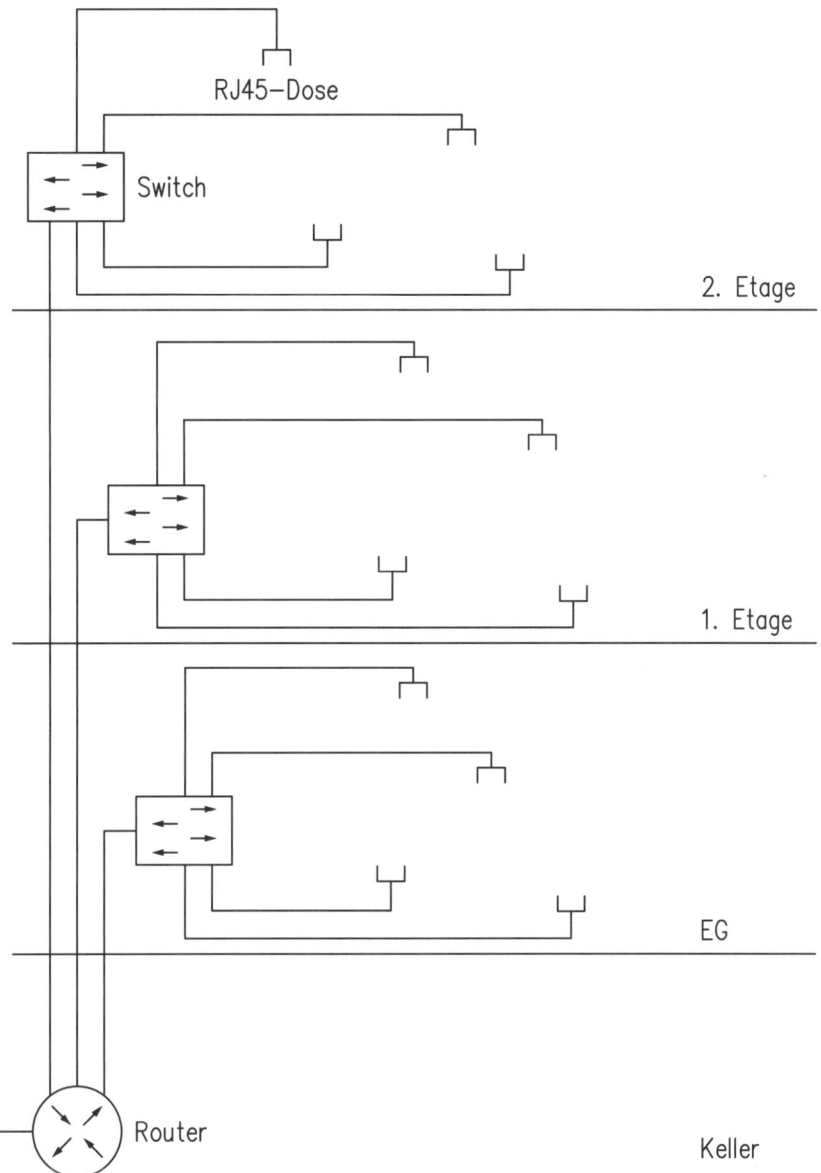

RJ45–Dose

Switch

2. Etage

1. Etage

EG

Router

Keller

## U6

**Vorteile Lichtwellenleiter-Kabel**

- Unempfindlichkeit gegenüber elektromagnetischen Störungen
- Hohe Übertragungsgeschwindigkeit
- Blitzschutz
- Keine Störstrahlungen
- Einsatz in explosionsgefährdeter Umgebung
- Sehr große Reichweite
- Geringe Signaldämpfung
- Hohe Abhörsicherheit
- Chemische und thermische Stabilität

**Vorteile Twisted-Pair-Kabel**

- geringer Preis
- geringer Installationsaufwand
- höhere Lebensdauer

## U7

1.

| GS | Das Produkt entspricht den Anforderungen des Geräte- und Produktsicherheits-gesetzes, den Unfallvorschriften der Berufsgenossenschaften, DIN- und EN-Normen sowie den allgemein anerkannten Regeln der Technik. |
|---|---|
| CE | Das Produkt hält laut Hersteller die Sicherheits- und Gesundheitsanforderungen entsprechend der EU-Richtlinien ein. |
| TCO Certified | Die gesundheitlichen Auswirkungen auf den Benutzer die ergonomische Qualität und die Umweltverträglichkeit sind geprüft. |

2. Eine Prüfung durch VDE ist nicht vorgeschrieben. Der PC darf eingesetzt werden.

## U8

Umsatzsteuer (19 %):

$$\begin{array}{r} 9\,360{,}00 \text{ EUR} \\ +\ \ 1\,778{,}40 \text{ EUR} \\ \hline 11\,138{,}40 \text{ EUR} \end{array}$$

Skonto (2 %):

$$\begin{array}{r} 11\,138{,}40 \text{ EUR} \\ -\ \ \ \ 222{,}77 \text{ EUR} \\ \hline 10\,915{,}63 \text{ EUR} \end{array}$$

## Markierungsbogen

| | 1 | 2 | 3 | 4 | 5 | 6 | 7 | 8 | 9 | 10 |
|---|---|---|---|---|---|---|---|---|---|---|
| 1 | ☐ | ☐ | ☐ | ☐ | ☒ | ☒ | ☐ | ☐ | ☒ | ☐ |
| 2 | ☐ | ☐ | ☒ | ☐ | ☐ | ☐ | ☐ | ☐ | ☐ | ☒ |
| 3 | ☒ | ☒ | ☐ | ☐ | ☐ | ☐ | ☐ | ☐ | ☐ | ☐ |
| 4 | ☐ | ☐ | ☐ | ☒ | ☐ | ☐ | ☐ | ☒ | ☐ | ☐ |
| 5 | ☐ | ☐ | ☐ | ☐ | ☐ | ☐ | ☒ | ☐ | ☐ | ☐ |

| | 11 | 12 | 13 | 14 | 15 | 16 | 17 | 18 | 19 | 20 |
|---|---|---|---|---|---|---|---|---|---|---|
| 1 | ☐ | ☐ | ☐ | ☒ | ☐ | ☒ | ☐ | ☒ | ☒ | ☐ |
| 2 | ☐ | ☐ | ☐ | ☐ | ☐ | ☐ | ☐ | ☐ | ☐ | ☐ |
| 3 | ☐ | ☐ | ☐ | ☐ | ☐ | ☐ | ☐ | ☐ | ☐ | ☐ |
| 4 | ☒ | ☐ | ☒ | ☐ | ☐ | ☐ | ☒ | ☐ | ☐ | ☐ |
| 5 | ☐ | ☒ | ☐ | ☐ | ☒ | ☐ | ☐ | ☐ | ☐ | ☒ |

| | 21 | 22 | 23 |
|---|---|---|---|
| 1 | ☐ | ☐ | ☐ |
| 2 | ☐ | ☐ | ☒ |
| 3 | ☐ | ☐ | ☐ |
| 4 | ☒ | ☐ | ☐ |
| 5 | ☐ | ☒ | ☐ |

## U1

1. Zuordnungsliste:

| Betriebsmittel | Ein-/Ausgang | Kommentar |
|---|---|---|
| B1 | I1 | Unterer Füllstand erreicht, Öffner |
| B2 | I2 | Oberer Füllstand erreicht, Öffner |
| S1 | I3 | Anlagenstart, Taster |
| Q1 | Q1 | Schütz zur Ansteuerung von Motor M1 |
| V1 | Q2 | Zulaufventil |
| V2 | Q3 | Ablaufventil |

2.

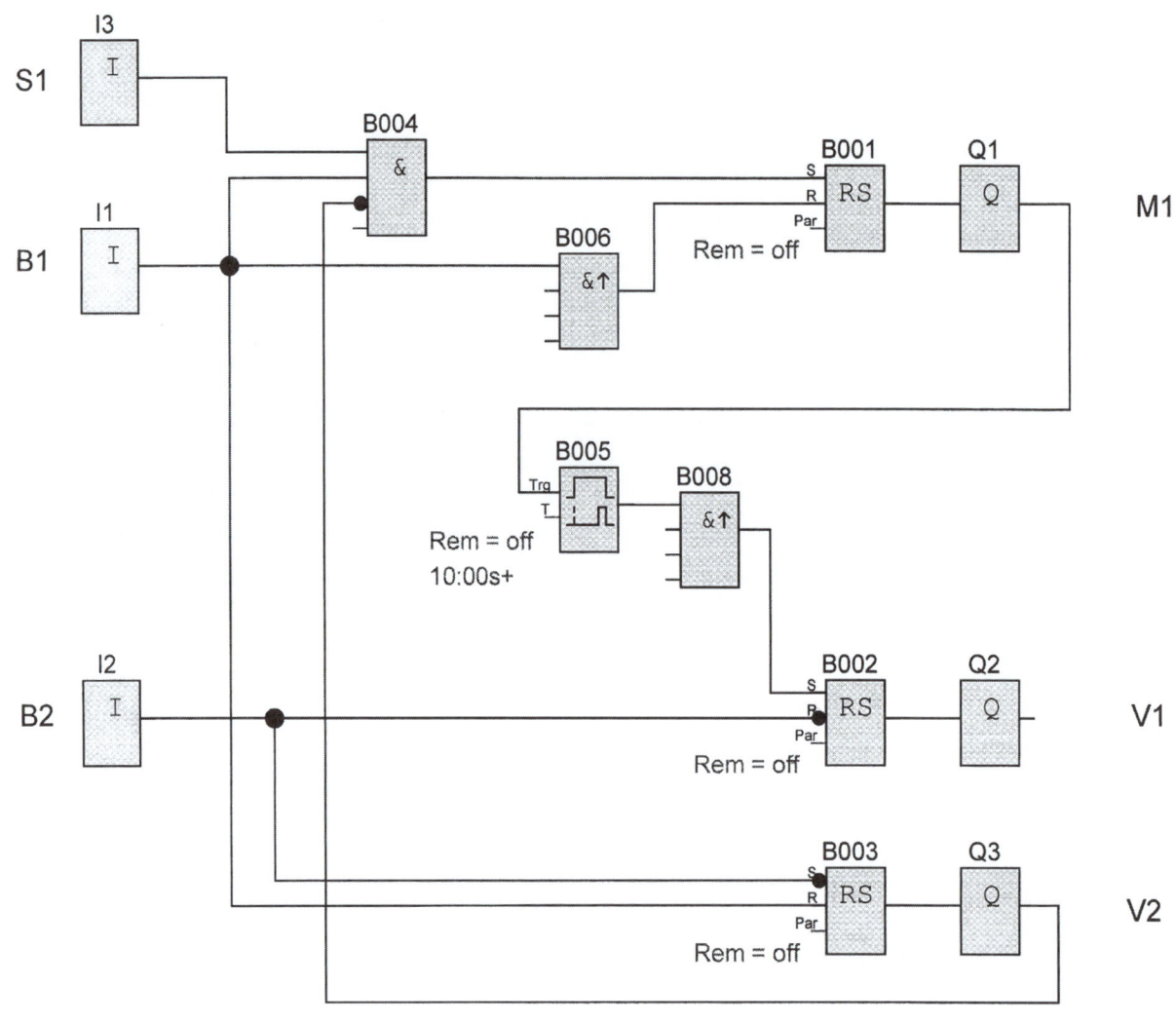

**U2**

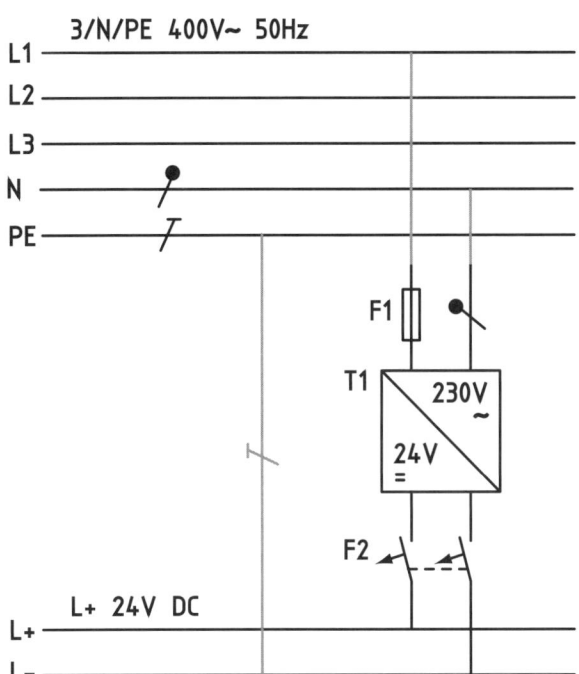

**U3**

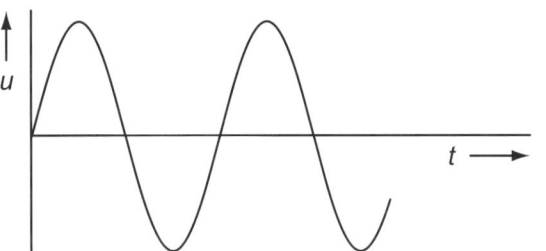

A

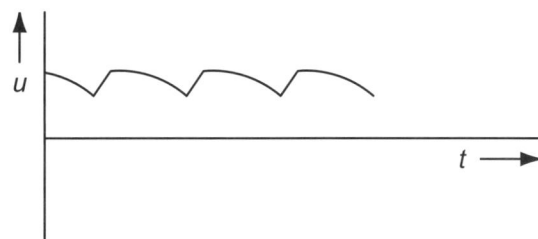

D

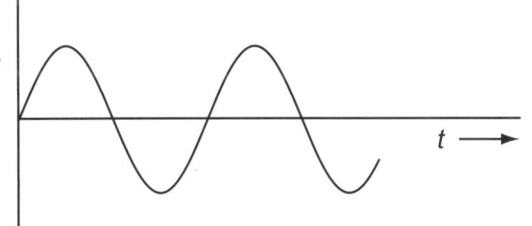

B

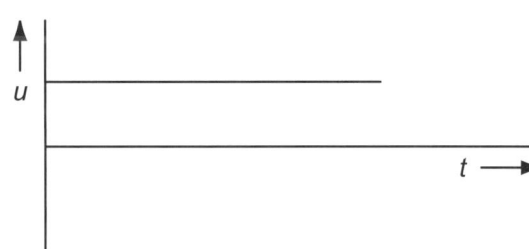

E

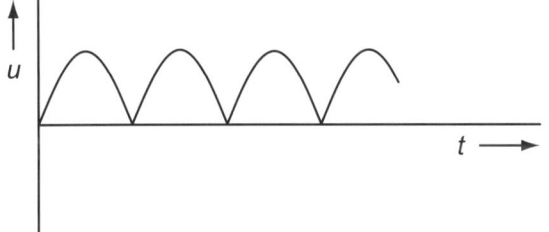

C

**U4**

$$\frac{U_1}{U_2} = \frac{N_1}{N_2}$$

$$N_2 = N_1 \cdot \frac{U_2}{U_1} = 1000 \cdot \frac{24\,V}{230\,V} = 104,3$$

Die Sekundärseite des Transformators hat 104 Windungen.

**U5**

$U_{di} = 0,9 \cdot U_{20} = 0,9 \cdot 26\,V = 23,4\,V$

**U6**

Das Schütz hat als Bestandteil eine Spule. Durch den Schaltvorgang entsteht eine Selbstinduktionsspannung. Die Freilaufdiode wird so gepolt, dass sie für die Selbstinduktionsspannung leitend ist. Kontaktabbrand wird verhindert.

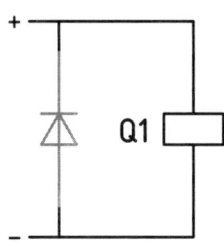

**U7**

Beispiele für Nennspannungen:

**A:**

Höchstspannungsnetz:
220 kV, 380 kV

**B:**

Hochspannungsnetz:
110 kV

**C:**

Mittelspannungsnetz:
6 kV, 10 kV, 20 kV

**D:**

Niederspannungsnetz:
400 V, 690 V

**U8**

| | |
|---|---|
| | Trennschalter |
| | Lasttrennschalter mit (HH-)Sicherungen |
| | Leistungsschalter |
| | Erdungstrenner |
| | Lastschalter |

## Markierungsbogen

| Frage | 1 | 2 | 3 | 4 | 5 | 6 | 7 | 8 | 9 | 10 |
|---|---|---|---|---|---|---|---|---|---|---|
| 1 | | | | | | | | | X | |
| 2 | | | | X | | | | | | |
| 3 | | | X | | X | | X | X | | |
| 4 | | X | | | | | | | | |
| 5 | X | | | | | X | | | | X |

| Frage | 11 | 12 | 13 | 14 | 15 | 16 | 17 | 18 | 19 | 20 |
|---|---|---|---|---|---|---|---|---|---|---|
| 1 | | | | X | | | X | X | | |
| 2 | | | X | | | | | | X | X |
| 3 | | | | | | | | | | |
| 4 | X | X | | | | | | | | |
| 5 | | | | | X | X | | | | |

| Frage | 21 | 22 | 23 |
|---|---|---|---|
| 1 | | X | |
| 2 | | | |
| 3 | | | |
| 4 | X | | |
| 5 | | | X |

## U1

**Bauteileliste**

| Bauteil | Funktion | Bauteil | Funktion |
|---------|----------|---------|----------|
| S1 | NOT-AUS | B11 | Bereitschaft |
| S2 | NOT-AUS | Q1 | Schütz für M1 |
| S3 | NOT-AUS | Q2 | Schütz für M2 |
| S4 | NOT-AUS (Bedienfeld) | Q3 | Schütz für M3 |
| S5 | AUS Band 1 | K1A | Hilfsschütz Störung |
| S6 | AUS Band 2 | P1 | Melder Betrieb |
| S7 | AUS Band 3 | P2 | Melder Störung |
| S8 | EIN Band 1 | P3 | Melder Band 1 |
| S9 | EIN Band 2 | P4 | Melder Band 2 |
| S10 | EIN Band 3 | P5 | Melder Band 3 |

**U2**

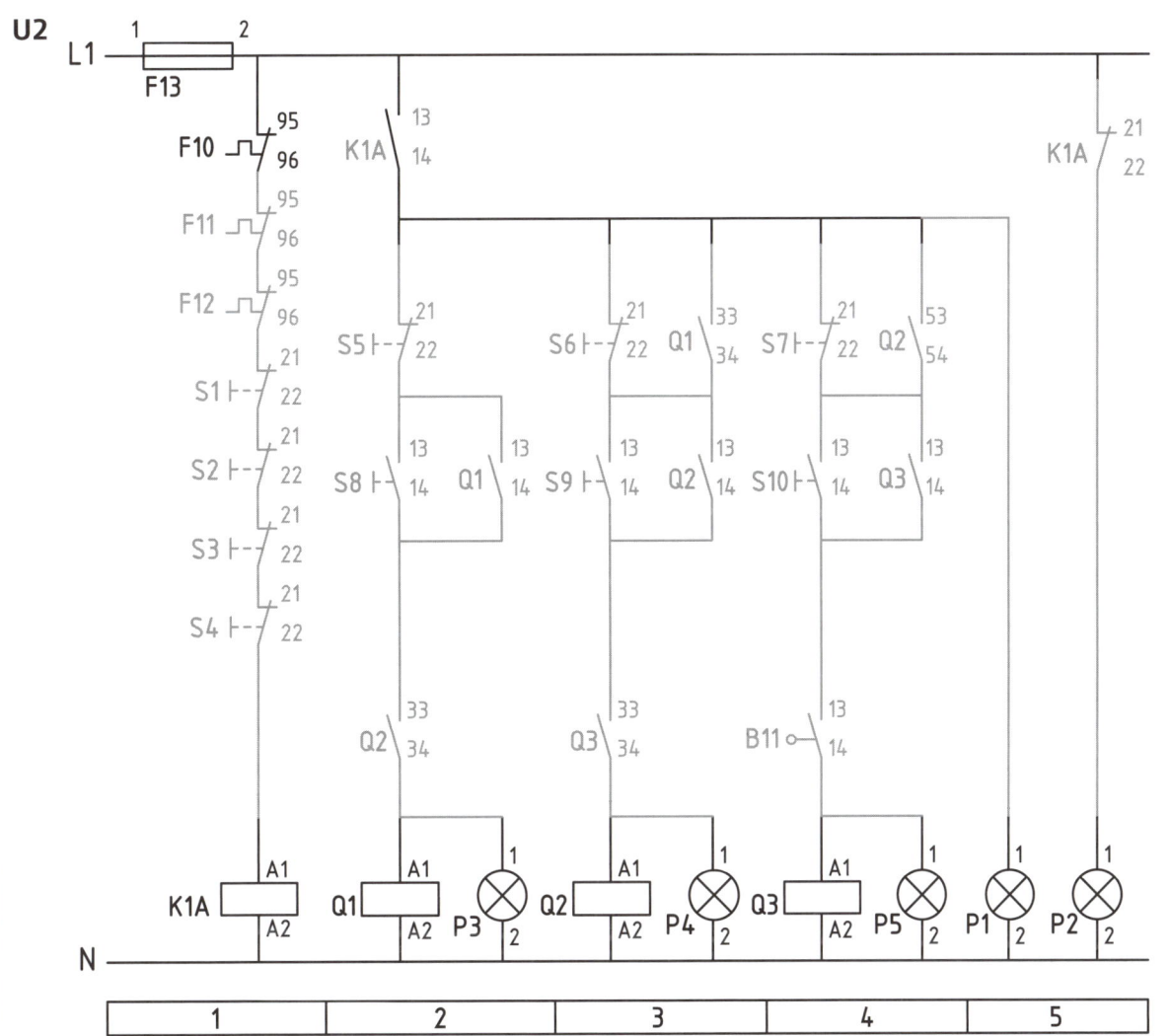

**U3**

1. – Beständigkeit bei mechanischen Belastungen.
   – Beständigkeit bei chemischen Belastungen.
   – Beständigkeit bei klimatischen Belastungen.
   – Beständigkeit bei anderen von außen einwirkenden Belastungen aus der Verlegeumgebung.
   – Erwärmung der Leitung nur unterhalb der zulässigen Grenztemperatur.
   – Der maximal zulässige Spannungsfall darf nicht überschritten werden.

2. Die Auswahlkriterien sind in der Vorschrift VDE 0100 Teil 520 zusammengefasst.

**U4**

1.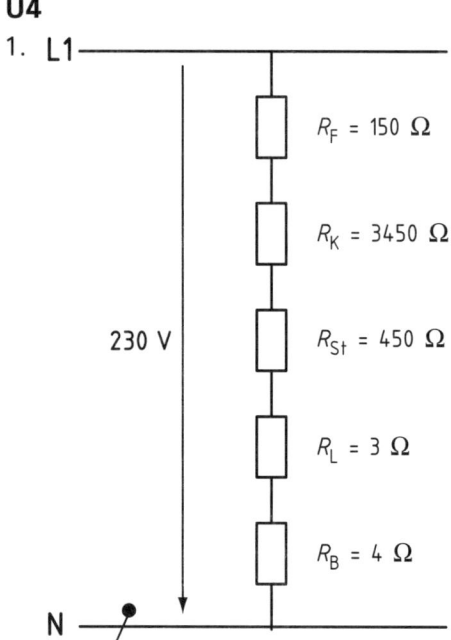

2. $I_F = U / R_F + R_K + R_{St} + R_L + R_B = \dfrac{230\ \text{V}}{150\ \Omega + 3450\ \Omega + 450\ \Omega + 3\ \Omega + 4\ \Omega} = 57\ \text{mA}$

3. $U_B = I_F \cdot R_K = 57\ \text{mA} \cdot 3450\ \Omega = 197\ \text{V}$

**U5**

1. Motorschutzrelais: Betätigt bei Überstrom Steuerkontakte, besitzt nur eine thermische Auslösung.

   Motorschutzschalter: Eingebaute Hauptkontakte schalten bei Überstrom den Motor ab. Zusätzlich zum thermischen Auslöser besitzt der Motorschutzschalter eine magnetische Auslösung, die den Kurzschlussschutz für den Motor übernimmt.

2. Motorschutzrelais bzw. -schalter sind auf den Bemessungsstrom des Motors einzustellen, der auf dem Typenschild angegeben ist.

**U6**

① Thermischer Auslöser: Schützt den Motor gegen Überlastung. Löst verzögert aus.

② Elektromagnetischer Auslöser: Schützt den Motor gegen Kurzschluss. Löst unverzögert aus.

③ Unterspannungsauslöser: Schützt den Motor gegen Wiederanlauf bei Netzausfall.

## U7

1. $Z_S = \dfrac{U_0}{I_K} = \dfrac{230\text{ V}}{183\text{ A}} = 1{,}26\ \Omega$

2. Nein, Schutz ist nicht ausreichend (gl 35.A erfordert mindestens $I_K = 250$ A).

3. $I_N = \dfrac{I_a}{5} = \dfrac{183\text{ A}}{5} = 36{,}6$ A

Ein 32-A-Leitungsschutzschalter erfüllt die Bedingung.

## U8

1. Unter Selektivität versteht man, dass nur die Überstromschutzeinrichtung abschaltet, die der Fehlerstelle in Richtung zur Stromquelle am nächsten liegt. Die anderen Schutzeinrichtungen bleiben in Funktion.

2. Stromselektivität bedeutet, dass die Bemessungsströme der Schutzeinrichtung vom Erzeuger zum Verbraucher mit jeder Stufe sinken müssen.

   Zeitselektivität erreicht man trotz gleichen Bemessungsstromes durch verzögertes Auslöseverhalten des vorgeschalteten Schutzgerätes.

   Strom- und Zeitselektivität müssen im Zusammenhang betrachtet werden, denn sowohl Bemessungsstrom als auch Auslösecharakteristik bestimmen die Selektivität. Beides ist den Auslösekennlinien der Schutzeinrichtungen zu entnehmen.

3. ① Leitungsschutzschalter

   ② Motorschutzschalter

   ③ Hausanschlusskasten

   ④ Selektiver Hauptleitungsschutzschalter

   ⑤ Verteilungsnetzbetreiber

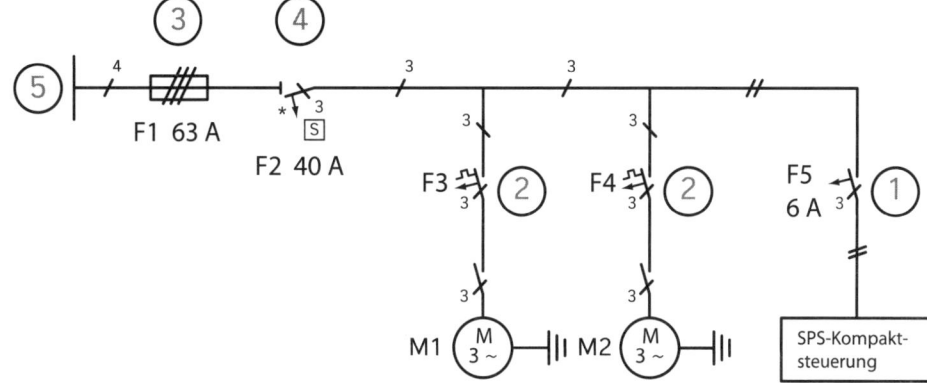

## Prüfung 6

### Markierungsbogen

| | 1 | 2 | 3 | 4 | 5 | 6 | 7 | 8 | 9 | 10 |
|---|---|---|---|---|---|---|---|---|---|---|
| 1 | | | X | | X | X | | X | | |
| 2 | X | | | | | | | | | |
| 3 | | X | | | | | | | | |
| 4 | | | | X | | | | | | |
| 5 | | | | | | | X | | X | X |

| | 11 | 12 | 13 | 14 | 15 | 16 | 17 | 18 | 19 | 20 |
|---|---|---|---|---|---|---|---|---|---|---|
| 1 | | | | | X | | | | X | |
| 2 | X | | | | | X | | | | |
| 3 | | | X | X | | | | X | | |
| 4 | | X | | | | | | | | X |
| 5 | | | | | | | X | | | |

| | 21 | 22 | 23 |
|---|---|---|---|
| 1 | | | X |
| 2 | | | |
| 3 | X | X | |
| 4 | | | |
| 5 | | | |

# Bildquellenverzeichnis